3·1운동과 독립투사들의
특별한 이야기

3·1운동과 독립투사들의
특별한 이야기

노루궁뎅이 창작교실 지음 / 청마루 그림

노루궁뎅이

차례

6 머리말

8 만세를 부르다 숨진 유관순
　조선은 왜 청나라군과 일본군을 불러들였을까요? … 22

26 조국 광복을 위해 몸 바친 김구
　독립국으로 우뚝 서려는 대한제국의 시작 … 40

44 이토 히로부미를 저격한 안중근
　조선은 왜 나라를 일본에게 빼앗겼을까요? … 60

64 훙커우 공원에서 폭탄을 던진 윤봉길
　나라를 되찾으려는 의병들의 활동 … 78

82 흥사단을 조직하고 독립신문을 발간한 안창호
　실력을 길러 나라를 되찾아야 한다! … 96

100 3월 1일에 울려 퍼진 독립선언문과 손병희
　방방곡곡으로 퍼져 나간 대한 독립 만세! … 112

머리말

우리나라 역사에서 가장 자랑스러운 사건을 꼽자면 당연히 3·1 만세 운동일 것입니다. 3·1 만세 운동은 일본의 식민지 지배에 저항하여 전 민족이 일어선 항일 독립운동으로, 일제 강점기에 일어난 최대 규모의 민족 운동입니다. 또한 제1차 세계대전 이후 승전국(전쟁에서 이긴 나라)의 식민지에서 최초로 일어난 대규모 독립운동이기도 합니다.

일제의 무력 통치 10년을 겪는 동안, 국내에서의 항일 운동 세력은 거의 사라지다시피 했습니다. 그러다 민족적 저항 운동인 3·1 만세 운동이 일어나고, 그 운동은 전 세계가 놀랄 만큼 엄청난 규모로 발전했습니다.

그 무렵에 우리나라 인구 수는 2,000만 명이었습니다. 그 인구의 10분의 1인 200만 명이 시위에 참여했고, 시위 횟수는 1,542회나 되며 전국 213개 군 중에서 203개 군이 시위에 참여했습니다. 시위에 참여했다가 사망한 숫자가 7,509명, 부상자가 15,850명, 체포된 사람이 45,306명(박은식의《한국독립운동지혈사》통계)이었다고 합니다. 그 규모가 얼마나 대단했는지 짐작할 수 있습니다.

3·1운동은 무력 시위가 아닌 비폭력 시위였습니다. 1차 세계대전이 끝난 뒤 종교계의 민족주의자들은 미국 윌슨 대통령이 말한 민족자결주의에 희망을 걸고 외세의 힘에 의존해서 독립을 얻으려고 했습니다. 그래서 무력이 아닌 비폭력 시위로 일본 정부와 평화적으로 문제를 해결하려고 했던 것입니다. 하지만 일본은 만세 운동에 참여하는 사람들을 무력으로 진압했고, 엄청난 사람이 희생을 당했습니다. 그로 인

해 외세의 힘이 아닌 우리 힘으로 독립을 이뤄야 한다는 인식이 확산되었습니다. 중국 상하이에 대한민국 임시정부를 세우고 외교적 노력과 전쟁 준비에 힘을 쏟기 시작했습니다.

3·1 만세 운동을 통해 우리 민족이 독립을 얼마나 간절하게 원하는지를 확인할 수 있었습니다. 또한 우리 민족의 독립 의지가 얼마나 강한가를 전 세계에 알리는 계기가 되었습니다. 그동안 다른 나라 사람들은 대한제국이 일본 덕분에 잘 살고 있어서 식민지 생활을 반기고 있다고 여겼습니다. 그런데 3·1 만세 운동이 터지자 비로소 대한제국의 확고한 의지를 확인했고, 그 뒤 관심을 갖고 바라보게 되었습니다.

우리나라에서 터진 3·1 만세 운동은 다른 나라에도 많은 영향을 끼쳤습니다. 특히 일본의 식민지나 다를 바 없던 중국에서 많은 변화를 일으켰습니다. 중국의 5·4 운동을 비롯해 대만과 인도네시아의 독립운동에도 영향을 미쳤습니다. 그 외에도 인도, 이집트, 터키 등 아시아와 중동 지역 민족 운동에 큰 영향을 끼쳤습니다.

얼마 전 10대 청소년 10명 중 8명이 "일본 강점기에 태어났다면 나도 독립운동에 참여했을 것"이라고 답했다고 합니다. 애국 계몽 운동(56%), 자금·장소·물품 지원 등 간접 참여(25%) 무장 독립운동(17.5%) 등을 그 이유로 꼽았다고 합니다.

또한 존경하는 독립투사로는 유관순(60.5%), 안중근(15%), 김구(10%), 윤봉길(5%) 순이었다고 합니다.

이 책은 청소년들이 존경하는 독립투사 6명의 독립운동 활동과 왜 조선 땅에 일본군과 청나라군이 들어오게 되었는가를 시작으로 3·1운동까지의 이야기를 담았습니다.

3·1 만세 운동의 정신은 아직도 우리 모두의 가슴 속에서 숨 쉬고 있습니다. 그리고 앞으로도 새로운 역사를 시작할 때마다 큰 힘을 발휘할 것입니다. 우리 모두의 가슴과 역사 속에 담겨 있는 3·1 만세 운동의 정신을 잊지 않는다면 우리는 항상 한 걸음 더 나아가는 역사를 만들어낼 수 있을 것입니다.

만세를 부르다 숨진
유관순

　유관순은 1902년 충청남도 천안군 병천에서 유중권의 둘째 딸로 태어났어요. 위로는 오빠 우석이 있고 아래로는 관복, 관석, 두 남동생이 있었어요.

　유관순의 아버지는 한때 교육에 뜻을 품고 흥호학교와 교회를 세웠어요. 그렇지만 아버지의 노력과 달리 많은 재산을 없애고, 일본인 고리대금업자에게 빚까지 얻어 써야 했어요. 아버지는 간신히 원금을 갚았지만 눈덩이처럼 불어난 이자는 갚을 능력이 못 되었어요.

　"이자를 안 갚겠다고? 어림없다!"

　아버지는 고리대금업자에게 끌려가 심하게 매질을 당했어요.

　"가난한 나라에서 무슨 학교를 짓는다고 까불어! 돈이 없으면 우리 일본 신세나 지면서 가만히 죽어지낼 것이지!"

　그 뒤 아버지는 아주 오랫동안 병석에 누워 지냈어요.

　"이 아버지의 핏줄과 뼈 마디마디에는 나라 잃은 백성의 슬픔과 원한이 깊게 사무쳐 있다. 하지만 분하다는 생각만으로는 아무것도 이룰 수가 없다. 반드시 힘을 길러야 한다. 힘을 기르려면 배워야 한다. 무슨 말인지 알겠느냐?"

어린 관순은 아버지의 말을 깊이 새겨들었어요.

어려서부터 유난히 생각이 깊었던 관순은 고집도 셌어요. 무슨 일이든 결정을 내리면 절대 고집을 꺾지 않았어요.

관순이 13살 때의 일이었어요. 이웃집 아이가 헐레벌떡 뛰어오며 소리쳤어요.

"관순 누나! 관복이가 어떤 애랑 싸워서 머리에 피가 나요!"

관순이 달려가 보니 동생 관복이는 피를 흘리며 울고 있었어요.

"왜 그런 거야?"

관순이 묻자 옆에 있던 아이들이 그 이유를 알려 주었어요. 싸움의 이유를 듣고 난 뒤, 관순은 말없이 동생을 데리고 집으로 돌아왔어요. 그런데 피를 흘리는 관복을 보고 아버지가 몹시 화를 냈어요.

"아니, 대체 어떤 놈이 관복이 머리를 이렇게 만들어 놓은 것이냐! 관순이 너 어서 가서 그놈을 데리고 오너라!"

그러자 동생의 상처를 치료하던 관순이 차분하게 말했어요.

"이번 일은 관복이 잘못이 커요. 비석치기 놀이를 했는데 상대 아이가 너무 잘하니까 관복이가 먼저 시비를 걸었어요. 그 아이가 돌을 맞히려고 할 때 돌을 치워 버렸다고 해요. 그 아이가 화를 내며 비겁하다고 욕을 하니까 관복이가 그 아이에게 흙을 끼얹은 거예요. 그때부터 서로 치고받고 싸웠대요."

"그렇다고 이렇게 머리에 피가 나도록 싸웠단 말이야?"

"그 아이가 먼저 코피를 흘렸대요. 코피가 나니까 그 아이가 돌을 집어 관복이 머리를 때렸고요."

"이유가 어찌 되었든 남의 머리를 돌로 때린 것은 절대 용서할 수 없는 일이다. 그러니 넌 어서 가서 그 아이를 데리고 와라!"

아버지의 불호령에도 불구하고 관순은 꼼짝하지 않았어요.

"계집애 고집이 저렇게 세다니! 부모 말을 끝까지 거역할 작정이냐?"

아버지가 노발대발 화를 냈어요.

"관순이는 부모 말을 거역하는 것이 아니라 옳지 않은 일을 옳지 않다고 말한 것뿐이에요."

어머니가 아버지를 다독였어요.

한참 후에 어머니가 조심스럽게 입을 열었어요.

"사부인한테 관순이를 서울로 데려가 달라고 부탁해야겠어요."

어머니가 말한 사부인은 감리교 충청도 교구의 여자 선교사였어요. 사부인은 전부터 관순을 서울에 있는 이화학당으로 보내고 싶어 했어요.

그날 밤, 아버지는 가족 모두를 한자리에 불렀어요.

"나무에 뿌리와 줄기가 있듯이 백성에게는 나라가 있고 자손에게는 조상이 있다. 어떤 나라든지 모두 독립권을 가지고 있다. 그러나 우리나라는 오천 년이라는 길고 긴 역사를 가지고 있으면서도 왜놈들에게 나라를 빼앗기고 말았다."

관순은 자세를 바로 하고 아버지 말에 귀를 기울였어요.

"너희는 배우는 데 힘써야 한다. 그리고 어떤 어려움이 닥치더라도 자기 뜻을 굽히지 말고 이겨 나가려는 의지가 필요하다."

아버지는 그렇게 말하고 관순을 보았어요.

"오늘 아버지는 네 태도를 보고 몹시 흐뭇했다. 앞으로도 그렇게 옳지 않은 일을 보면 절대 뜻을 굽히지 않는 마음으로 공부를 하도록 하여라."

"예, 아버지."

"여자라고 집 안에서 살림만 해서는 안 된다. 특히 너처럼 영리하고 똑똑한 여자들은 더 많이 배워서 나라의 일꾼이 되어야 할 것이다."

> 이화학당은 1886년에 미국 선교사 스크랜턴 부인이 서울 황화방(지금의 서울 중구 정동)에 창설한 사립 여자 교육 기관입니다. 이듬해에 명성황후가 '이화학당'이라는 이름을 내렸고, 초등 교육·중등 교육·대학 교육을 아울러 실시하였습니다.

"예, 알겠습니다."

1916년 3월, 마침내 유관순은 고향을 떠났어요. 서울로 올라온 유관순은 곧바로 이화학당에 입학해서 기숙사 생활을 시작했어요.

"선진 학문을 배울 수 있다니, 꿈만 같아. 이렇게 세상이 빠르게 변하고 있는데 우리는 너무 우물 안 개구리처럼 살았어."

유관순은 학교생활이 즐겁기만 했어요. 뭐든지 배우고 익히려고 앞장섰어요. 먼저 입학한 사촌 언니 유예도 덕분에 선후배 학생들과도 친하게 지냈어요.

유관순은 어려운 처지에 놓인 친구를 보면 절대 그냥 넘기지 않았어요. 학비가 없어 어려움에 처한 친구를 위해서 군고구마 장사를 하기도 했어요.

유관순은 두 권의 책을 항상 곁에 두고 지냈어요. 잔 다르크와 나이팅게일의 전기였어요. 힘들고 어려울 때마다 프랑스를 위해 싸운 잔 다르크와 적군과 아군을 가리지 않고 환자를 치료한 나이팅게일의 봉사 정신을 되새기고는 했어요.

유관순은 잠자리에 들기 전에 꼭 강당으로 가서 기도했어요.

"하나님! 우리 민족에게 힘을 주십시오. 일본인의 손아귀에서 벗어날 수 있도록 힘을 주십시오. 이미 그들에게 너무 많은 것을 빼앗겼습니다."

1919년, 유관순에게는 운명의 해였어요. 어느 날, 유관순은 친구와 함께 학교 뒤에 있는 언덕으로 바람을 쐬러 올라갔어요. 그곳에서는 서울 장안이 환히 내려다보였어요. 그런데 덕수궁 안에 많은 사람이 몰려 있었어요.

"무슨 일로 저렇게 많은 사람이 모여 있을까?"

"그러게 말이야. 임금님한테 무슨 일이 생겼을까? 그럼 정말 큰일인데."

유관순과 친구의 걱정은 사실이 되고 말았어요.

'고종 황제께서 뇌일혈로 돌아가시다!'

다음 날 신문에는 고종 황제의 죽음이 크게 실려 있었어요. 그런데 이상한 소문이 나돌았어요.

"고종 황제께서 일본 놈들한테 독살당하셨다는구먼."

소문을 들은 백성들은 분노로 치를 떨

잔 다르크는 백년전쟁 말기에 프랑스를 구한 영웅적인 소녀입니다. 영국군에 의해 오를레앙이 포위되어 프랑스가 멸망의 위기에 처했을 때 "프랑스를 구하라"는 신의 계시를 받고 영국군을 도처에서 물리쳤습니다. 1430년 영국군에게 잡혀 종교 재판을 받고 화형(불에 태워 죽이는 형벌)을 당했습니다. 그 신앙과 기적적인 행위로 오늘날까지도 프랑스를 구한 영웅으로 전해지고 있습니다.

나이팅게일은 영국의 간호사입니다. 1849년 이집트 여행 도중에 알렉산드리아 병원을 참관, 이때 정규 간호 교육의 중요성을 깨달았습니다. 1853년 런던에 있는 병원의 병원장이 되었으며, 이듬해 크림전쟁(1853~1856년 러시아와 오스만 투르크·영국·프랑스·프로이센·사르데냐 연합군 사이에 크림 반도·흑해를 둘러싸고 일어난 전쟁)이 일어나자 종군 간호사가 되어 38명의 간호사를 이끌고 전선으로 가서 적군과 아군을 가리지 않고 간호하였습니다.

었어요.

"나라를 잃은 것도 서러운데 임금마저 살해당하다니, 참을 수 없는 일입니다!"

손병희를 비롯한 33명의 독립지사가 일본 경찰 눈을 피해 한자리에 모였어요.

"일본은 우리의 임금님마저 독살했습니다. 이제 단결된 목소리로 우리의 독립을 외쳐야 할 때입니다!"

한자리에 모인 민족 대표들은 만세 운동의 3대 원칙을 정했어요.

첫째, 독립운동은 대중화해야 한다.
둘째, 독립운동은 일원화해야 한다.
셋째, 독립운동은 폭력을 사용해서는 안 된다.

독립지사들은 비폭력 저항 운동으로 질서 있게 민족의 자주독립의 뜻을 펴기로 했어요. 3월 1일, 학생들은 새벽부터 이 골목 저 골목을 뛰어다니며 독립선언서를 집집마다 던져 넣었어요.

유관순도 이화학당의 친구들을 한자리에 모았어요.

"우리도 가만히 보고 있을 수는 없어. 놈들은 임금님까지 독살했어. 우리가 가만있으면 일본은 더 미쳐서 날뛸 거야."

"죽더라도 독립 만세를 부르자!"

친구들과 유관순은 손을 맞잡고 뜻을 모았어요.

손병희는 독립운동과 교육 사업에 힘쓴 천도교의 3대 교주입니다. 1898년 동학 2대 교주인 최시형이 원주에서 붙잡혀 처형된 뒤, 3대 교주가 되어 여러 지방을 돌며 동학의 세력을 넓히는 데 많은 노력을 기울였습니다. 1919년 3·1운동을 일으켜 우리나라의 독립을 선언했습니다.

동학은 1860년 경상도 경주 사람인 최제우가 일으킨 새로운 종교입니다. 최제우는 서학(기독교) 등 서양 종교가 들어오면 우리나라 사람들의 정신이 그쪽으로 쏠려서 나라가 더 약해질 것이라고 여겼습니다. 그래서 서학에 맞서서 동학이라는 새 종교를 일으켰습니다. 동학을 믿고 따르는 사람은 주로 가난하고 억눌린 농민들이었습니다.

비폭력 저항 운동이란 모든 살아 있는 것을 살해하지 말며, 또 남이 살해하는 것을 그냥 보아 넘겨서도 안 된다는 사상입니다.

3월 1일, 오후 2시. 민족 대표 33인은 인사동 태화관에 모여 우리나라의 독립을 선언했어요.

"대한 독립 만세!"

만세 소리가 태화관을 울렸어요. 그와 같은 시각, 파고다 공원에서도 수많은 사람의 만세 소리가 터져 나왔어요.

사람들은 가슴 깊이 숨겨 두었던 태극기를 꺼내 흔들며 거리로 쏟아져 나갔어요. 만세 소리는 순식간에 서울 거리를 가득 채웠어요. 일본 헌병과 경찰들은 잔인하기 짝이 없었어요. 사람들을 흩어지게 하려고 방망이로 내려치고, 군홧발로 마구 짓밟았어요. 그러나 시간이 흐를수록 만세 소리는 더 맹렬하게 울려 퍼졌어요.

"지독한 놈들. 총을 쏘아서 남김없이 쓸어 버려!"

요란한 총성이 하늘을 울리고, 많은 사람이 만세를 부르다 피를 흘리며 숨을 거두었어요. 이화학당뿐만 아니라 많은 학교의 학생들이 거리로 쏟아져 나왔어요. 학생들이 만세 운동으로 똘똘 뭉치고, 학교가 만세 시위운동을 계획하는 장소로 변하자 조선총독부는 3월 10일 중등학교 이상의 학교에 임시 휴교령을 내렸어요.

"당장 학교를 폐쇄하라!"

학교 문이 닫히고, 학교 기숙사를 사용할 수 없게 되자 이화학당의 학생들은 모두 뿔뿔이 흩어져야 했어요. 유관순도 고향으로 내려갈 수밖에 없었어요.

"차라리 잘된 일이다. 고향에 내려가 만세 운동을 펼치라는 하늘의 뜻이다."

사촌 언니 유예도와 함께 고향에 도착한 유관순은 서울에서 일어난 만세 운동을 고향 사람들에게 알렸어요.

"삼천리강산이 만세 소리로 들끓고 있는데 우리 고을만 조용할 수는 없어요! 모든 사람이 한마음 한뜻으로 뭉쳐야 나라를 구할 수 있어요!"

"네 마음이야 장하다마는 무슨 수로 사람들을 움직일 수 있겠냐?"

아버지는 근심 어린 표정으로 물었어요.

"제가 마을 사람들을 설득하겠어요. 그러면 함께 나서 줄 거예요."

유관순은 곧바로 교회 어른들을 찾아가 자신의 뜻을 전했어요.

"어린것이 대견하기도 하구나! 그런데 다른 마을 사람들에게는 누가 알리지?"

"제가 알릴게요. 아무 걱정하지 마세요."

그날부터 유관순은 여러 마을을 돌아다녔어요. 천안·연기·청주·진천 등지의 학교와 교회를 쉴 새 없이 찾아다니며 태극기를 나눠 주었어요.

유관순의 열성은 마을 청년들을 감동시켰어요. 이번에는 마을 청년들이 팔을 걷어붙이고 만세 운동을 준비했어요.

만세 운동을 벌이기로 한 4월 1일, 아우내 장터로 사람들이 구름같이 모여들었어요. 유관순은 장터 어귀에서 태극기를 나눠 주며 몰려드는 사람들에게 용기를 북돋워 주었어요.

"우리 힘으로 나라를 독립시켜야 합니다! 힘내십시오!"

유관순은 수천 명의 행렬을 정돈하고 대한 독립 만세를 부르며 장터 복판으로 나아갔어요. 유관순은 쌀가마니를 디디고 올라서서 독립을 외치는 연설을 했어요.

"우리는 오천 년 역사를 지닌 민족인데도 왜놈들에게 나라를 빼앗겼습니다! 저들의 총칼을 두려워하지 말고 맨주먹으로 싸워 반드시 독립을 이룹시다!"

"대한 독립 만세!"

그 자리에 모인 3천여 명의 군중들은 태극기를 흔들며 만세 시위를 펼쳤습니다.

"멈추지 못해!"

일본 경찰들은 쌀가마니 위에서 만세를 부르는 유관순을 향해 칼을 내리쳤어요. 칼에 찔린 유관순은 피를 흘리며 쓰러졌어요.

"이놈들! 내 자식 털끝 하나도 건들지 마라!"

아버지와 어머니가 쓰러진 유관순을 부둥켜안으며 울부짖었어요.

"시끄럽다! 반역자 자식을 둔 부모도 용서할 수 없다!"

3월 1일 서울 광화문 앞에 모인 사람들

종로에서 일어난 만세 운동. 〈한국독립운동지혈사〉에 의하면 3.1 운동에 참여한 시위 인원은 약 200여만 명이며, 7,509명이 사망, 15,850명이 부상, 45,306명이 체포되었으며, 헐리고 불탄 민가가 715호, 교회가 47개소, 학교가 2개소였다고 합니다.

서대문형무소는 1907년에 대한제국을 점령한 일제가 서울에 세운 형무소입니다. 유관순을 비롯해 많은 독립운동가들이 이 형무소에 갇혀 갖은 고문을 당했습니다.

일본 경찰과 헌병들은 유관순이 보는 앞에서 아버지와 어머니를 총살했어요.

"아버지, 어머니, 이 불효를 용서하십시오……."

유관순은 피를 흘리며 쓰러진 아버지와 어머니 앞에서 피눈물을 흘렸어요. 부상을 당한 채 헌병대에 끌려간 유관순은 지독한 고문을 당했어요.

"너희는 우리 땅에 와서 우리 동포들을 수없이 죽이고 내 부모님마저 죽였으니 죄를 지은 자는 바로 너희다! 우리가 너희에게 형벌을 줄 권리는 있어도 너희는 우리를 재판할 그 어떤 권리도 없다!"

유관순은 끝까지 재판을 거부했어요. 그러다 공주 영명학교 만세 시위운동을 주도하다가 끌려온 오빠 유우석을 형무소에서 만났어요.

"부모님께서 저 때문에 저세상으로 떠나셨어요. 제가 큰 불효를 했어요."

"나라를 일본 손에 빼앗긴 우리 모두의 책임이니 너무 슬퍼하지 마라."

오빠는 유관순을 위로했어요. 그것이 두 사람의 마지막 만남이었어요.

그 뒤 유관순은 경성법원으로 옮겨져 서대문형무소에 투옥되었어요. 유관순은 형무소에서도 끊임없이 만세를 불렀어요. 함께 갇혀 있던 동지들에게도 용기를 잃지 말라고 당부했어요.

"우리가 약한 모습을 보이면 안 됩니다. 용기를 내십시오."

유관순은 동지들과 함께 목청껏 만세를 부르고는 했어요. 그럴 때마다 끌려가 모진 고문을 당했지만 유관순은 아랑곳하지 않았어요. 법정에서도 "대한 독립 만세!"를 목청이 터져라 외치고는 했어요.

"만세 운동을 계획한 사람의 이름을 대라!"

"나 혼자서 한 일이다! 그러니 다른 사람은 모두 석방해라!"

"석방되고 싶지 않으냐?"

"지금 조선 천지는 모두 감옥이다. 그러니 내가 어딜 간단 말이냐! 여기 있어도 감옥이요, 밖에 나가도 감옥이다!"

유관순은 살기를 원하지 않았어요.

"힘없어서 나라를 빼앗겼는데 아직도 너희가 독립을 할 수 있다고 믿느냐!"

"일본은 반드시 망하고, 너희 왜놈들은 천벌을 받을 것이다!"

"에이, 지독한 년! 감히 대일본제국을 모욕해! 도저히 용서할 수 없다."

유관순은 지하 감방에 감금되어 야만적이고 무자비한 고문을 당했어요. 그러다 결국 병을 얻고 말았어요.

유관순은 숨을 거두기 전, 유언을 남겼어요.

"내 손톱이 빠져나가고 내 귀와 코가 잘리고 내 다리가 부러져도 그 고통을 이길 수 있지만 나라를 잃어버린 그 고통만은 견딜 수가 없습니다. 나라에 바칠 목숨이 오직 하나밖에 없는 것이 이 소녀의 유일한 슬픔입니다."

1920년 9월 28일, 유관순은 서대문형무소에서 18세의 꽃다운 나이로 생을 마쳤어요. 3·1 만세 운동이 시작된 지 6개월 만이었어요.

일제강점기의 서대문 형무소(위)와 당시 죄수 호송 모습.

일제강점기의 서대문 형무소 내부

조선은 왜 청나라군과 일본군을 불러들였을까요?

조선 후기 농민 대부분은 자기 땅이 없는 소작인이었고, 지주는 양반이 많았습니다.

"무거운 소작료와 세금을 내면 입에 풀칠하기도 힘든데 어떻게 일 년을 버틴단 말인가."

농민들이 내야 하는 소작료와 세금은 날로 높아만 갔지만 양반 지주들은 세금을 한 푼도 내지 않았습니다. 농민들은 무거운 세금과 양반 관리들의 횡포에 시달리느라 늘 고달프게 살아야 했습니다. 그중에서도 전라도 고부 군수인 조병갑의 횡포는 상상을 뛰어 넘을 정도였습니다.

"당장 저수지 둑을 허물도록 해라!"

조병갑은 농민들에게 멀쩡한 저수지 둑을 허물게 하고는 다시 쌓게 했습니다.

"너희도 저수지를 만드느라 얼마나 많은 고생을 했는지 잘 알 것이다. 그러니 앞으로는 저수지 물 사용료를 받도록 하겠다!"

그것만이 아니었습니다.

"돌아가신 내 아버지 비석을 세워야 하니 세금을 더 내도록 해라!"

조병갑은 별것도 아닌 일로 농민들을 감옥에 가두기도 했습니다.

"벌금을 내지 않으면 풀어줄 수 없다!"

이유도 없이 끌려간 농민들은 조병갑이 요구하는 돈을 내놓고서야 풀려날 수 있었습니다.

그러던 어느 날, 모친상을 당한 조병갑은 부조금으로 2000냥을 걷으라고 요구했습니다. 그러자 전봉준의 아버지인 전창혁이 대표로 나서서 항의하다가 곤장을 맞아 죽는 일이 벌어졌습니다.

1894년 12월에 체포된 채 한성부로 압송되는 전봉준(교자에 포박되어 앉아 있는 사람)이 무언가를 매서운 눈으로 노려보고 있습니다.

"더는 참을 수가 없다! 썩어빠진 이 나라를 우리 손으로 뜯어고쳐야 한다!"

그 무렵에 고부 지역의 동학교도 접주였던 전봉준은 분노를 참지 못하고 일어섰습니다. 농민 천 명과 동학교도들을 이끌고 관아를 습격해서 빼앗긴 곡식을 되찾아 농민들에게 나누어 주었습니다.

놀란 조정에서는 조병갑을 처벌하고 안핵사 이용태를 보내어 잘못을 바로잡도록 지시했지만, 이용태 역시 농민을 탄압했습니다.

"관리들은 모두 한통속이로구나. 우리 힘으로 세상을 바로잡지 않으면 새로운 세상은 오지 않는다!"

전봉준은 1894년 3월 각 지역 동학 접주들과 힘을 합쳐 농민군 1만 명을 조직했습니다. 동학교도와 농민군은 전라북도 정읍 부근의 황토현에서 관군을 물리치는 것을 시작으로 전주성까지 차지했습니다.

"동학교도와 농민군들이 한양을 향해 달려오고 있지만 우리 힘으로 물리칠 능력이 없다. 서둘러서 청나라에 군대를 보내 달라고 요청하도록 해라!"

다급해진 조정에서는 청나라에 군사 요청을 했습니다.

"제 나라 백성을 죽이기 위해 다른 나라 군대를 부르다니! 이럴 수가 있단 말인가!"

백성들의 분노가 하늘을 찔렀습니다. 그런데 일본도 기다렸다는 듯이 그 기회를 놓치지 않았습니다.

"청나라가 조선 땅을 차지하게 할 수는 없다. 서둘러서 군사를 조선 땅으로 보내도록 해라!"

그 무렵에 청나라와 일본은 둘 중 한 나라가 조선 땅에 군대를 보내면 다른 나라도 군대를 보낸다는 조약을 맺고 있었습니다. 청나라 군사와 일본 군사가 동시에 조선 땅으로 들어오자 전봉준은 싸움

청일전쟁은 청나라와 일본이 조선의 지배권을 놓고 1894년 6월부터 1895년 4월까지 벌인 전쟁입니다. 전쟁에 승리한 일본은 그 후, 조선을 삼키려는 야욕을 노골적으로 드러냈습니다.

을 멈추기로 결정했습니다.

"휴전하도록 한다. 청나라와 일본의 군대를 우리 조선 땅에 머물게 할 수는 없다!"

전봉준은 싸움을 멈추는 대신 27가지 요구를 들어 달라고 했습니다.

"그동안 백성을 괴롭힌 관리들을 처벌하고, 양반의 땅을 백성에게 나눠 주십시오!"

동학 농민군이 흩어지자, 조정에서는 청나라와 일본에 군사 철수를 요구했습니다. 청나라는 조정의 요구에 응했지만 일본은 아니었습니다.

"흥, 모처럼 얻은 기회를 놓칠 수는 없지."

결국 1894년 6월, 조선 땅을 서로 차지하려는 청일전쟁이 일어났습니다. 그 전쟁은 일본의 승리로 끝났고, 일본의 기세는 하늘을 찌를 듯이 높아만 갔습니다.

참다못한 동학 농민군들이 다시 무기를 집어 들었습니다.

"우리가 휴전한 것은 썩어빠진 나라를 바로잡아 달라는 뜻이었는데 일본 놈들이 우리 땅을 손아귀에 넣으려고 하는구나! 우리 힘으로 일본 놈들을 몰아내자!"

전봉준이 이끄는 동학 농민군 12만 명과 북도 접주 손병희가 이끄는 10만 명이 교주 최시형의 지

서울을 강제로 점령한 일본군의 모습과 러일전쟁 당시의 정치 풍자 그림 엽서. 일본이 강대국인 러시아를 이길 수 있으리라고 아무도 생각하지 못했지만, 일본은 미국과 영국의 도움을 받아 러일전쟁을 승리로 이끌었습니다.

휘를 받으며 일본군과 맞섰습니다. 항쟁의 규모는 점점 커져 중부, 남부 전 지역과 평안도까지 이르렀습니다. 동학 농민군과 일본군은 공주의 우금치 고개에서 맞닥뜨렸습니다.

"두려워하지 말라! 일본 놈들을 죽기 살기로 없애라! 그래야 우리 땅을 지킬 수 있다!"

동학 농민군들은 목숨을 내놓고 일본군과 맞섰습니다. 그러나 창, 칼, 활밖에 없는 동학 농민군은 신무기로 무장한 일본군을 이길 수가 없었습니다. 결국 동학 농민군은 공주와 금구 등의 싸움에서 크게 패하고 말았습니다.

싸움에서 패한 뒤 동학 농민군은 뿔뿔이 흩어지고, 전봉준도 순창으로 피신했습니다.

"전봉준을 잡으면 큰 상금을 주겠다!"

조정은 전봉준을 잡기 위해 많은 상금을 걸었습니다. 결국 옛 부하의 밀고로 전봉준은 붙잡히고 말았습니다. 그런 뒤에 서울로 끌려와 처형되었습니다.

살아남은 동학 농민군은 곳곳에서 일본군과 맞서 싸웠지만 조선 땅을 손아귀에 넣으려는 일본의 야심은 날로 강해지고 있었습니다. 그러나 동학교도와 농민군의 그 힘은 훗날 일본에 빼앗긴 나라를 되찾기 위한 독립운동의 밑거름이 되었습니다.

조국 광복을 위해 몸 바친
김구

김구의 어릴 적 이름은 김창수였어요. 창수가 세 살 때, 천연두가 유행했어요. 수많은 사람이 천연두에 걸려 숨을 거두었고 창수도 천연두에 걸렸지만 죽을 고비를 무사히 넘겼어요.

"죽을 고비를 무사히 넘겼으니 이제 너는 어떤 위험에 처하더라도 꼭 살아남을 수 있을 것이다."

아버지는 7대 독자인 창수의 교육에 몹시 열성적이었어요. 집안이 넉넉한 편은 아니었지만 창수를 위해 서당을 세우기도 했어요.

창수는 17세 때 조선 왕조의 마지막 과거에 응시했지만 낙방하고 말았어요. 창수는 자신의 실력이 부족해서가 아니라 세력과 돈이 없어서 떨어졌다는 것을 알고는 몹시 분노했어요.

"이따위 썩어빠진 과거는 두 번 다시 응시하지 않겠다!"

그 무렵의 과거 시험은 세력이 있거나 돈이 많지 않으면 절대 합격할 수 없었어요. 재산이 많거나 세력이 강한 사람은 실력이 좋은 사람을 사서 대신 과거 시험장에 내보냈던 것이지요. 그것만이 아니었어요. 과거에 급제할 사람은 미리 정해져 있고 시험은 형식에 불과하다는 소문도 떠돌았어요. 과거 시험에서 떨어진 뒤, 창수는 오랫동안 방에서 꼼짝하지 않았어요.

"관상 공부를 해 보는 것이 어떻겠느냐? 관상을 잘 보면 성인군자를 만나 스승으로 섬길 수도 있을 것이다."

아버지의 말에 창수는 다시 용기를 냈어요. 그렇지만 관상 공부도 이내 포기하고 말았어요.

"내 얼굴을 뜯어보니 평생 거지로 살 팔자로구나. 누구든지 거지 팔자인 내 관상보다는 낫겠지."

창수는 관상 공부에 흥미를 잃었지만 한 가지만은 가슴 깊이 새겼어요.

'얼굴이 잘생겼어도 몸이 튼튼한 것만 못하고, 몸이 아무리 튼튼해도 마음 착한 것만 못하다.'

그 무렵 황해도 지방에서 동학이 번지기 시작했어요. 동학은 인간 평등과 사회의 변화를 갈망하던 힘없는 백성들에게 큰 호응을 얻었어요. 동학은 사람은 본래 하늘의 성품을 가졌으므로 사람이 곧 하늘이요, 하늘이 곧 사람이라고 했어요. 그리고 자신을 포함한 모든 사람이 하늘처럼 존귀하므로 사람 대하기를 하늘을 섬기는 것처럼 경건하고 겸손하게 해야 한다고 강조했어요.

"사람이 곧 하늘이라니! 동학이야말로 천한 사람은 사람 대접도 않는 이 나라에 꼭 필요한 종교로구나."

창수는 그 길로 오응성이라는 동학교도를 찾아갔어요. 오응성은 창수를 크게 반겼어요. 놀라운 것은 오응선은 양반인데도 천민들에게 깍듯이 절을 했어요.

"아니, 양반이 상놈에게 절을 하다니!"

창수는 이만저만 놀란 것이 아니었어요.

"우리 동학은 가난하거나 부자이거나 양반이거나 천민이거나 상관없이 누구나 똑같이 대합니다. 인간은 모두 똑같이 소중한 존재이기 때문입니다."

오응성의 말에 창수는 크게 감격했어요.

"동학은 최제우 선생이 처음으로 일으킨 것인데 그분은 세상을 떠나고, 지금은 그분의 조카인 최시형 선생이 대교주가 되어 포교 활동을 하고 있습니다. 그리고 동학이란 인간의 허물을 뉘우치고 착한 일을 행하여 새 나라를 이룩하는 것입니다."

창수는 오응성의 가르침을 하나도 놓치지 않았어요.

동학교도가 된 창수는 누군가를 만나면 동학을 믿으라고 간곡하게 권했어요.

"나쁜 짓을 하지 않고 착한 일을 많이 하여 세상을 모두 이롭게 하는 것이 동학의 참뜻입니다."

날이 갈수록 창수의 이름은 널리 퍼져 나갔어요. 밤낮을 가리지 않고 동학을 위해 일하는 창수 덕분에 동학을 믿는 사람이 수없이 늘어났어요. 사람들은 창수를 애기 접주라고 부르며 믿고 따랐어요.

그 무렵 놀라운 보고가 날아들었어요.

"전라도 고부에서 전봉준이 동학 농민 운동을 일으켰다!"

전봉준이 일으킨 동학혁명의 불꽃은 순식간에 전라도 전역으로 퍼져 나갔어요.

창수는 팔봉접주가 되어 동학군의 선봉장으로 해주성을 공략했어요. 그러나 죽창과 낡은 무기밖에 없는 동학 농민군에게는 너무도 불리한 싸움이었어요. 그런 데다 일본군과 맞서 싸우다 패한 전봉준이 순창에서 잡힌 뒤로 동학혁명은 완전히 실패로 끝나고 말았어요.

동학 농민군을 이끌었던 창수는 몽금포에서 석 달 동안 숨어 지냈어요. 그러다 이듬해 청계동에 사는 안태훈이라는 사람을 찾아갔어요. 안태훈의 맏아들인 중근은 창수를 유독 따랐어요. 그 소년은 훗날 만

> 전봉준은 조선 말기의 동학 농민 운동 지도자입니다. 전봉준의 별명은 녹두장군입니다. 1894년 동학교도를 중심으로 일어나 부안, 정읍, 전주 등을 점령하고, 일본군의 침략에 대항해 싸웠으나 금구 싸움에서 신식 무기와 조직적으로 무장된 일본군에게 패하고 말았습니다. 순창으로 도망하여 재기를 꾀하다가 체포되어 처형당했습니다.

주 하얼빈에서 이토 히로부미(우리나라를 일본의 식민지로 만든 일본의 정치가)를 쏘아 죽인 안중근이에요.

창수는 청나라와 친하게 지내야 한다고 여겼어요. 그래야 나중에라도 우리나라에 도움이 될 거라고 생각했어요.

"청나라로 가자!"

창수는 참빗장수로 변장하고 청나라로 출발했어요. 그 무렵에 명성황후가 일본 자객의 손에 죽임을 당했고, 그로 인해 나라가 몹시 어수선했어요.

청나라로 향하던 창수는 어수선한 나라 안 사정을 조금 더 살핀 뒤에 떠나는 것이 좋겠다고 판단했어요. 그래서 황해도의 치하포로 발길을 돌렸어요. 그런데 그곳에서 뜻하지 않은 사고가 터졌어요.

나루터의 주막에서 묵고 있는데 머리가 유난히 짧은 남자 한 명이 창수의 눈에 띄었어요. 그 남자는 옷 속에 긴 칼을 감추고 있었어요.

"저놈은 분명히 왜놈이다. 저런 놈들이 황후를 죽인 것이 분명해!"

창수는 그 남자 앞으로 성큼성큼 걸어갔어요.

"이놈!"

창수는 벼락같이 소리를 지르며 남자의 가슴을 걷어찼어요. 남자는 넘어지면서 재빨리 칼을 빼려고 했지만 창수가 더 빨랐어요.

"우리 국모를 죽인 원수! 내 너를 죽여서 국모의 원수를 갚으리라!"

그 남자는 창수가 휘두른 칼에 맞아 숨을 거두고 말았어요. 그 남자는 쓰치다라는 일본 중위로 의병들을 살피러 나온 염탐꾼이었어요.

'국모의 원수를 갚기 위해 이 왜놈을 죽였노라! 해주 텃골 김창수!'

창수는 붓글씨를 써서 벽에 붙이고 그곳을 떠났어요. 그로부터 석 달 뒤, 창수는 일본 중위를 죽였다는 죄목으로 붙잡히고 말았어요.

지독한 고문이 시작되었어요. 창수는 다른 사람의 등에 업히지 않으면 한 발짝도 움직일 수 없을 만큼 몸이 망가지고 말았어요. 인천형무소로 옮긴 뒤, 어머니가 지극 정성으로 옥바라지를 했고 덕분에 창수 몸은 조금씩 나아졌어요. 어느 정도 건강이 회복되자 창수는 죄수들에게 글을 가르치기 시작했어요.

"글이란 양반만 배우는 것이 아니라 백성 누구나 읽고 쓸 줄 알아야 합니다."

까막눈을 서러워하던 죄수들은 열심히 글공부를 했어요. 머잖아 인천형무소는 학교로 변해 있었어요. 감방 이곳저곳에서 글 읽는 소리가 온종일 끊이질 않았으니까요. 그러던 어느 날, 독립신문(1896년 창간된 우리나라 최초의 민영 일간지)이 창수 손에 들어왔어요.

'7월 27일에 쓰치다 중위를 살해한 김창수를 사형에 처한다!'

그러나 하늘이 도왔던지 창수는 사형을 면할 수 있었어요.

"당신이 명성황후의 원수를 갚기 위해 왜놈을 죽인 사실을 황제께서 아시고 사형 집행을 중지하라는 명령을 내리셨소!"

그 소식을 전해 준 감리는 자기 일처럼 기뻐했어요. 사형 집행이 중지되었지만 석방은 여전히 불가능했어요. 일본 공사(지금의 일본 대사)가 창수의 석방을 완강하게 반대했기 때문이에요.

얼마 후, 창수는 탈옥을 결심했어요.

"잔치를 벌일 수 있도록 돈을 좀 구해 주십시오."

창수는 찾아온 사람들에게 부탁했어요. 그리고 돈이 어느 정도 모이자 그 돈을 간수에게 건넸어요.

"살아난 기념으로 한 턱 낼까 하오. 이 돈으로 쌀과 고기, 술을 사다 주시오. 남은 돈은 용돈 하시오."

창수 계획대로 일이 진행되고, 마침내 감방 안에서 잔치가 열렸어요.

"모두 마음껏 드십시오! 오늘은 모두 마음 편히 마시고 즐기십시오!"

창수는 기회를 엿보다 마루 밑으로 기어 들어갔어요. 그런 뒤에 바닥에 깔아 놓은 벽돌을 들춰내고 빠져나갈 구멍을 뚫었어요.

탈옥에 성공한 뒤, 창수는 승려가 되어 일본 경찰의 수사망을 피해 다녔어요. 그러면서도 황해도 장연에서 봉양학교를 설립해 교육에 힘을 기울였어요.

그러던 중 운 좋게 부모님을 만날 수 있었어요.

"네가 무사히 탈옥했다는 소식을 듣고 얼마나 기뻤는지 모른다."

부모님은 창수가 형무소를 탈옥한 뒤 붙들려가서 옥살이를 했다고 해요. 어머니는 곧 풀려 나왔지만 아버지는 석 달 가까이 고생했다는 말을 듣고 창수는 고개를 들지 못했어요.

"이렇게 우리 가족이 다시 만났으니 이보다 더 좋은 일이 어디 있겠느냐."

부모님은 그런 말로 창수를 위로했어요.

"김창수 이름으로는 일본 경찰의 눈을 피하기 어려울 듯싶습니다."

창수는 부모님의 허락을 받고 이름을 '구'로 바꾸었어요.

하지만 부모님을 다시 만난 기쁨도 오래 가질 못했어요. 얼마 후 아버지가 세상을 뜨고 말았어요. 석 달 동안 옥살이를 하면서 당한 모진 고문의 후유증이었어요.

"좋은 세상 만나 효도하며 모시고 싶었는데……."

김구의 슬픔은 이루 말할 수 없이 컸어요.

1905년, 을사조약(을사늑약)이 맺어졌어요. 김구는 을사늑약이 체결되자, 한양으로 들어와 조약 반대 전국 대회에 참석하였으며, 애국지사들과 함께 을사늑약의 철회를 주장하는 상소를 올리고, 대한문 앞에서 읍소했어요.

하지만 조선은 을사늑약 이후 하루가 다르게 무너져 가고 있었어요. 초대 통감으로 이토 히로부미가 건너왔고, 이듬해에는 고종 황제가 물러나고, 순종이 그 뒤를 이었어요.

"조선 군대를 해산하고, 조선의 황태자(영친왕)를 일본으로 끌고 가도록 한다!"

일본은 대놓고 조선을 쥐락펴락했어요.

나라가 바람 앞의 촛불처럼 위태로웠지만 김구는 구국대열에 앞장서는 한편 안악에 양산학교를 세워 교육에 힘썼어요.

"배운 사람이 많아야 언젠가는 나라를 되찾을 수 있다. 배운 사람이 없으면 영원히 나라를 찾을 수 없다."

그런데 김구는 뜻하지 않은 사건으로 다시 끌려 갔어요. 안중근이 하얼빈에서

을사조약은 1905년에 일본이 대한제국의 외교권을 빼앗기 위해 강제로 맺은 조약입니다. 1905년이 을사년이어서 을사조약이라고 합니다. 조약은 나라와 나라 사이의 합의로 맺어지는데, 을사조약은 일본이 일방적으로 강요한 것이어서 '을사늑약'이라고 부르기도 합니다.

이토 히로부미를 죽인 사건 때문이었어요. 일본 경찰은 안중근과 김구가 연관이 있다고 굳게 믿었어요. 하지만 조사 결과 아무 증거도 찾아내지 못했고, 김구는 무사히 풀려날 수 있었어요.

고향으로 돌아온 김구는 양산학교에서 학생들을 가르치며 때를 기다렸어요.

그러던 어느 날, 안중근의 사촌 동생인 안명근이 김구를 찾아왔어요.

"독립 자금을 모아서 더 늦기 전에 나라를 되찾아야 합니다. 선생님이 앞장 서 주십시오."

"아직은 때가 아니라는 생각이 드네. 널리 동지들을 모으고 백성들을 일깨워 나라의 실력을 기르는 것이 우선일세."

"하루가 급한데 언제 힘을 길러서 일본 놈들을 물리치겠다는 것입니까?"

안명근은 김구에게 불같이 화를 내고 가버렸어요. 그런데 얼마 후, 105인 사건이 터졌어요. 일본은 그 사건의 배후에 안명근이 있다고 꾸몄어요. 안명근이 체포된 뒤, 일본은 105인의 애국지사들을 무더기로 잡아들였어요. 김구도 포함되어 있었어요.

다시 형무소에 갇힌 김구는 3년 6개월 만에 풀려날 수 있었어요. 자유의 몸이 된 김구는 농장 관리인이 되어 농촌 부흥 운동에 온 힘을 쏟았어요.

그런데 1919년 1월 22일, 일본의 압박과 감시 속에 살았던 고종 황제가 숨을 거두었는데, 고종의 죽음이 일본에 의한 독살이라는 소문이 돌았어요. 3월 3일에 예정된 고종의 국상 때문에 지방에서 많은 유생들도 올라와 있었어요. 그동안 어떤

안명근은 안중근의 영향을 받고 항일 운동을 하였습니다. 중국에서 무관학교를 설립하기 위해 자금을 모으던 중에 체포되었습니다. 일본이 꾸민 '105인 사건'의 주모자로 몰려 10년 동안 감옥에 갇혀 지냈습니다. 풀려난 뒤에 독립운동을 계속하다 중국의 지린성에서 숨을 거두었습니다.

105인 사건은 1911년 일본이 민족 운동을 탄압하려고 거짓으로 조작한 사건입니다. 1910년 12월 안명근이 군자금을 모으다 잡혔는데 일본은 이 사건을 확대해 민족주의 인사들이 압록강 철교 준공식에 참석하려고 신의주로 가는 데라우치 총독을 암살하려 했다고 날조했습니다. 그리하여 평안도 지방의 민족주의 인사 6백 명을 체포하고, 그들을 고문해서 허위 자백을 받아냈습니다. 그런 뒤에 많은 애국지사를 잡아들여 감옥에 가두었습니다.

모임도 가질 수 없었던 우리 민족은 전 국민의 분노와 단합을 바탕으로 대규모 민족 운동을 계획하게 되었고, 그것이 곧 3·1 만세 운동이었어요.

"대한 독립 만세! 대한 독립 만세!"

들불처럼 번져 나간 만세 소리와 함께 나라 곳곳에서 태극기가 휘날렸어요. 3·1 만세 운동은 날이 갈수록 더 거세어져 갔고, 일본 경찰은 조선인을 향해 무차별하게 총부리를 겨누었어요.

3·1 만세 운동이 걷잡을 수 없이 퍼지자 조선총독부는 조선인을 가혹하게 탄압하는 한편, 민족 고유의 문화를 말살하고 경제적인 활동을 막는 등 조선의 민족적 저항 뿌리를 없애려고 기를 썼어요. 그래서 독립운동 지도자들은 중국·만주·노령·미주 등 해외로 망명하여 독립운동을 전개하거나, 비밀 결사를 조직하며 기회를 노렸어요. 김구도 감시 때문에 더는 나라 안에 머물 수가 없었어요.

"여기에서는 독립운동을 펼칠 수가 없으니 다른 나라로 가서 더 체계적으로 독립을 위해 힘을 길러야 하겠다. 넓은 세상으로 가서 왜놈들을 이 땅에서 몰아낼 방법을 찾아보자."

김구는 일본 경찰을 피해 무사히 압록강을 건너 상하이로 향했어요. 김구가 상하이에 도착했을 때는 대한민국 임시정부가 막 세워진 그 무렵이었어요.

김구는 대한민국 임시정부의 초대 경무국장이 되었고, 1923년 내무총장, 1924년 국무총리 대리, 1926년 12월 국무령에 취임했어요.

김구는 한인 애국당을 조직, 의혈 청년들로 하여금 직접 일본 수뇌(중요한 자리의 인물)를 없애거나 대항해 싸우도록 지도했어요. 1931년 1월 중순의 어느 날, 임시정부 2층에서는 한창 비밀회의가 열리고 있었어요. 그때 낯선 청년 한 명이 불쑥 들어섰어요.

"저는 일본에서 막노동을 하다가 독립운동을 하고 싶어 상하이로 왔습니다."

그 청년이 바로 이봉창이었어요.

"반드시 히로히토 일본 일본 황제를 제 손으로 죽이겠습니다."

김구는 크게 감동하여 이봉창이 사용할 수류탄은 물론 모든 협조를 아끼지 않았어요.

이듬해 1932년 1월 8일, 이봉창은 육군 사열식에 참석하고 돌아오던 일본 황제를 향해 수류탄을 던졌어요. 하지만 안타깝게도 실패하고 말았어요. 그러나 그 사건은 전 세계를 놀라게 했어요. 대한제국이 나라 잃은 민족이 되었을망정 정신만은 온전하게 살아 있다는 것을 세계만방에 알렸던 것이죠.

어느 날, 채소 장사를 하던 윤봉길이 김구를 찾아와 말했어요.

"며칠 후면 일본 황제의 생일을 기념해서 홍커우 공원에서 큰 행사를 치른다고 합니다. 제가 그 기회를 잡도록 해 주십시오."

김구는 윤봉길을 몹시 반겼어요.

"하늘은 반드시 우리 조국의 손을 들어줄 것입니다."

그리고 1932년 4월 29일, 홍커우 공원에서 역사적인 사건이 터졌어요.

'오늘 홍커우 공원에서 폭탄이 터져 일본 거류민단 단장이 죽고, 일본 대사와 대장, 중장 등 문무 대관 여러 명이 크게 다쳤다. 범인은 윤봉길이라는 조선 청년이었는데 그는 대한 독립 만세를 외치며 일본 헌병에게 끌려갔다.'

신문에는 그런 기사가 대문짝만하게 실렸어요. 김구는 앞으로 일제가 어떻게 나올지 이미 예상하고 있었어요. 죄 없는 많은 애국투사가 희생될 것이 뻔했어요. 김구는 다른 동지들이 피해를 입는 것을 막기 위해 성명서를 발표했어요.

이봉창은 1932년 1월 8일 일본 도쿄에서 삼엄한 경호를 받으며 궁성으로 돌아가던 일왕에게 수류탄을 던져 일제의 간담을 서늘하게 하고, 전 세계 피압박 민족에게 큰 충격과 가능성을 안겨 줬습니다. 이봉창이 터뜨린 수류탄은 상하이 임시정부에 새로운 전기를 마련해 주었습니다.

'이봉창 사건과 윤봉길 사건은 나 김구가 시킨 일이다!'

성명서 발표 후, 일본 정부는 김구를 잡기 위해 엄청난 현상금을 걸었어요. 그러나 김구는 여러 사람의 도움을 받으며 무사히 포위망을 빠져나갈 수가 있었어요.

그 뒤로도 김구의 나라 사랑하는 마음은 조금도 흔들림이 없었어요. 그런 만큼 겪은 고생도 이루 말할 수 없이 컸어요.

1945년, 8월 드디어 일본은 연합군에 무조건 손을 들었어요. 그렇게 제2차 세계 대전이 끝났어요. 우리 조국은 36년 간의 일본의 지배에서 벗어나 비로소 해방을 맞이할 수 있었어요.

"대한 독립 만세!"

"드디어 해방이다!"

모두 태극기를 펼쳐 들고 거리로 뛰어나가 만세를 불렀어요.

1945년 11월, 김구는 꿈에도 잊지 못한 조국 땅에 발을 내딛었어요. 27년 만에 보는 조국 땅이었어요. 김구는 조국에 돌아와서도 바쁜 나날을 보냈어요. 하지만 김구가 가장 염려했던 일이 터지기 시작했어요.

38선을 기준으로 북쪽은 소련이, 남쪽은 미국이 각각 지배를 하게 되었어요. 우리 힘으로 해방을 하지 못하고 연합국의 힘을 빌려 해방이 되었기 때문에 벌어진 일이었어요. 많은 애국지사와 국민들의 반대에도 불구하고 한반도는 미국이 다스리는 남한과 소련이 다스리는 북한으로 나뉘고 말았어요. 김구는 남북통일의 원칙을 주장하기 위해 북한으로 건너가 협상을 벌이기도 했지만 소용이 없었어요.

그 뒤, 바깥출입을 하지 않고. 정치 일에도 전혀 간섭하지 않았어요.

그러던 어느 날, 한 군인이 김구를 찾아왔어요. 몇 번 만난 적이 있었던 안두희 소위였어요. 안두희 소위가 김구 방으로 들어간 뒤 요란한 총소리가 들려왔어요.

"김구 선생은 내가 쏘았소."

놀란 비서가 안으로 뛰어 들어가자 안두희가 그렇게 말했어요. 그리고 김구는 온몸이 피투성이가 된 채 쓰러져 있었어요.

"네 소원이 무엇이냐?" 하느님이 물으면 나는 서슴지 않고 "내 소원은 독립이오!" 하고 대답할 것이다. "그다음 소원이 무엇이냐!" 하면 나는 또 "우리나라의 독립이오!" 할 것이고, 또 "그다음 소원이 무엇이냐? 하고 세 번째 물으시면 나는 더욱 소리를 높여 "나의 소원은 우리나라 대한의 완전한 자주독립이오!" 하고 대답할 것이다."

오로지 한평생을 조국 광복을 위해 몸 바쳤던 백범 김구 선생은 '나의 소원'이라는 글에 자신의 소원을 그렇게 담아 놓고 저세상으로 떠났어요.

> 안두희는 일본에서 대학을 다녔습니다. 중국 등에서 상업 활동을 하다가, 1947년 우리나라로 돌아와 활발하게 공산주의 활동을 하였습니다. 1948년 육사 8기로 입교해 포병사령부 연락 장교가 되고, 이듬해 한국독립당에 입당해 김구와 인연을 맺었습니다. 1994년에 국회 법사위 백범 김구 선생 암살 진상 조사 소위원회에서 증인으로 조사를 받았으나 끝내 배후를 밝히지 않았습니다.

독립국으로 우뚝 서려는 대한제국의 시작

1894년 6월부터 1895년 4월까지 이어진 청일전쟁은 일본의 승리였습니다. 전쟁에서 패한 청나라는 조선에서 힘을 잃고 물러났습니다.

"이제 조선 땅은 우리 손아귀로 거의 다 들어왔다!"

기세등등해진 일본은 사사건건 나랏일에 간섭했습니다.

"일본을 어떻게 해야 몰아낼 수 있을까."

고종의 근심은 깊어만 갔습니다.

"러시아의 힘을 빌리는 것이 좋을 것입니다."

명성황후는 큰 나라인 러시아의 도움을 받으면 일본도 꼼짝 못할 것이라고 여겼습니다. 조선이 러시아와 손을 잡자, 일본은 안절부절못했습니다.

"다 된 밥에 재 뿌릴 수는 없다. 어떻게든 러시아 힘을 몰아내야 한다!"

하지만 일본은 청나라와 전쟁을 치른지 얼마 안 된 상황이었고, 세계 강대국인 러시아와 붙을 엄두도 내지 못했습니다.

"러시아를 끌어들인 것은 황후다. 황후를 없애야 러시아 힘을 몰아낼 수 있다."

결국 일본은 명성황후를 살해했고, 그 사건이 을미사변입니다. 일제는 명성황후를 살해한 뒤, 고종을 경복궁에 가두었습니다.

"이제 나랏일은 우리 일본이 알아서 할 것이니 편히 쉬십시오."

허수아비 왕으로 몰락한 고종의 힘으로는 아무것도 할 수가 없었습니다. 고종은 머지않아 일본이 조선 땅을 송두리째 삼킬지 모른다는 두려움에 휩싸였습니다.

"그래, 러시아 공사관으로 가야 되겠구나."

고종은 이른 새벽 일본군의 감시를 벗어나 러시아 공사관으로 옮겨 갔습니다. 하지만 이번에는 러시아가 욕심을 드러내기 시작했습니다.

"폐하를 지켜드리고 조선 땅을 지켜주는 대신 금광 개발 권리를 우리에게 주십시오."

하지만 사태는 점점 커지고 있었습니다.

"러시아에 금광을 개발할 권리를 주었으니 우리에게도 전기를 놓을 권리를 주십시오."

"우리에게는 철도를 놓을 권리를 주십시오."

이번에는 미국과 프랑스 등 서양 나라들이 권리를 주장하고 나섰습니다.

"일본군을 몰아내기 위해 러시아 도움을 받았더니 이번에는 서양 세력이 이 나라를 넘보는구나."

고종은 비로소 다른 나라의 힘이 아닌 조선의 힘으로 일어서지 않으면 아무것도 안 된다는 사실을 뼈저리게 깨달았습니다.

고종 모습(위)과 《독립신문》 창간호(원 안은 서재필의 모습). 서재필은 미국으로 망명하여 의사가 되었지만 귀국해서 《독립신문》을 발간하고 독립협회를 결성하였습니다.

"일본은 물론이고 서양 세력이 우리를 얕보지 못하게 힘을 길러야 한다."

고종은 서재필의 도움을 받아 독립신문을 발간했습니다.

"독립신문은 어려운 한문이 아니라 읽기 쉬운 순 한글로 쓰여 있으니 한문을 모르는 사람도 쉽게 읽을 수 있겠구나."

고종은 백성들이 독립신문을 통해 애국심을 키우고 일본을 비롯한 서양 세력을 몰아내는 힘을 기

서대문에 있는 독립문은 세계만방에 조선이 독립국이라는 사실을 알리기 위해 만들어진 건축물입니다. 서재필은 프랑스의 개선문 사진을 보고, 이를 참고하여 독립문의 모양새를 직접 스케치했습니다. 그런 뒤에 러시아 건축가 아파나시 세레딘사바틴에게 보냈습니다. 공사비는 백성들이 푼푼이 낸 돈을 모아 해결했습니다.

를 수 있기를 바랐습니다.

'독립신문은 당파나 신분 따위는 아무 상관 없이 모두 조선 사람으로 알고 조선만을 위해 공평하게 말할 것이다. 정부에서 하는 일을 백성들에게 알릴 것이요, 백성의 정세를 정부에 전할 것이니 만일 백성과 정부가 서로의 일을 잘 알게 되면 불평이나 의심은 없어질 것이다. 우리가 이 신문을 발간하는 것은 이익을 보자는 것이 아니므로 헐값에 받아 볼 수 있을 것이며, 한글로 쓴 것이므로 누구나 볼 수 있다.'

서재필은 고종에게 독립문을 세우자고 건의했습니다.

"독립문은 세계만방에 조선이 독립국이라는 사실을 알리는 건축물이 될 것입니다. 또한 우리가 더는 다른 나라 손아귀에서 놀아나지 않겠다는 큰 뜻이 담겨 있기도 합니다."

독립문을 세운다는 소식은 순식간에 나라 안팎으로 퍼졌습니다.

"우리가 모은 돈으로 독립문을 세웁시다!"

소문을 들은 많은 백성이 앞다투어 돈을 냈습니다.

"우리 백성이 이렇듯 독립된 나라를 꿈꾸고 있으니 아직 희망이 많다."

고종은 청나라와 일본처럼 황제의 나라가 되어야 한다고 생각했습니다.

"조선도 황제의 나라가 된다면 아무도 함부로 넘보지 못할 것이다!"

1897년 10월, 드디어 조선은 황제의 나라가 되었고, 나라 이름을 '대한제국'으로 바꾸었습니다. 그렇게 만천하에 제국의 시작을 알렸습니다.

그런 뒤에 군대를 정비해서 나라를 지키는 데 힘쓰도록 했습니다.

"신식 무기와 군함을 사들이고, 병사의 수를 늘리도록 한다!"

"총과 대포를 만드는 기술을 익히도록 하라!"

"나라 형편이 좋아져야 힘이 강해진다. 기술을 발전시키고 학교를 세워 서양 기술과 학문을 익히도록 하고, 공장을 세워 많은 물건을 우리 스스로 만들도록 한다!"

고종은 서양의 여러 나라와 외교를 맺어 국제 사회로부터 대한제국이 독립국으로 인정받기를 간절하게 바랐습니다.

"파리 만국박람회에 많은 대신을 보내어 대한제국의 이름을 세계만방에 알리도록 하라."

하지만 대한제국의 운명은 여전히 한 치 앞을 내다볼 수 없을 지경으로 위태로웠습니다. 엎친 데 덮친 격으로 이번에는 일본과 러시아가 전쟁을 벌였습니다. 일본으로서는 러시아의 힘을 몰아내지 않으면 대한제국을 삼킬 수가 없었던 것입니다.

아무도 일본이 강대국인 러시아를 이길 수 있으리라고 생각하지 못했습니다. 하지만 러일전쟁은 일본의 승리로 끝났습니다. 일본이 러시아를 이길 수 있었던 데는 미국과 영국의 영향이 컸습니다.

"대한제국은 일본이 차지하는 것이 옳다."

미국과 영국은 일본이 러시아를 이길 수 있도록 전쟁에 필요한 무기와 돈을 빌려주며 도왔던 것입니다. 미국과 영국은 날로 강성해지는 러시아의 힘을 꺾으려면 대한제국을 러시아가 아닌 일본이 차지해야 된다고 판단했던 것입니다.

이토 히로부미를 저격한
안중근

    안중근은 1879년 9월 2일 황해도 해주읍 광석동에서 태어났어요. 어려서의 이름은 응칠이었어요. 응칠은 글공부보다 활을 쏘며 노는 것을 더 좋아했고 성격도 아주 급했어요.

    "사람은 이름에 따라 행동이 달라질 수 있는데 무거울 중(重)에 뿌리 근(根)자를 써서 이름을 새로 지으면 저 아이 성격이 좀 느긋해질지 모르겠구나."

    할아버지는 응칠의 이름을 중근으로 바꾸었어요.

    그 무렵 조선은 몹시 혼란스러웠어요. 프랑스, 미국, 일본이 앞다투어 우리나라로 덤벼들었어요. 또한 벼슬아치들은 권력을 이용하여 힘없는 백성들의 재물을 빼앗고, 많은 세금을 거둬들이는 등 이루 말할 수 없는 행패를 부렸어요. 당연히 민심이 뒤숭숭해지고, 백성들은 불안에 떨 수밖에 없었어요. 황해도 해주에 있던 안중근의 집도 마찬가지였어요.

    안중근의 아버지 안태훈은 일찍이 과거에 급제했어요. 그러나 갑신정변(조선 고종 21년 갑신년에 김옥균·박영효 등의 개화당이 민씨 일파를 타도하고 국정을 쇄신하기 위하여 일으킨

정변)이 터지자 서둘러 벼슬을 버리고 고향으로 내려왔어요. 갑신정변이 실패로 끝난 뒤, 주동자들은 일본으로 도망치거나 붙잡혀 죽거나 감옥에 갇혔어요. 안태훈도 그 주동자들과 가깝게 지냈기 때문에 까딱 잘못했다가는 소용돌이에 휘말릴 위험이 컸어요. 그래서 재빨리 몸을 피해 고향으로 내려온 것이었어요.

안태훈은 황해도 천봉산 아래 청계동이란 곳으로 집을 옮긴 뒤에 서당을 열고 아이들을 가르쳤어요.

"중근이도 다른 애들처럼 공부에 흥미를 붙였으면 좋겠구나."

하지만 중근은 공부보다는 사냥놀이에 더 흥미를 느꼈어요. 그 무렵, 중근의 집 사랑방은 사방에서 몰려든 사냥꾼들로 붐볐어요. 그들은 겨울이 되면 이곳에 묵으며 구월산에서 사냥하다가 봄이 되면 고향으로 돌아가고는 했어요.

"나도 호랑이 잡으러 갈 테야."

어린 중근이 나서면 사냥꾼들은 웃음보를 터뜨렸어요.

"도련님은 우리가 사냥해 온 것을 구경이나 하십시오. 도련님한테 무슨 사고라도 나면 우리는 영영 이곳에 발을 못 붙입니다."

그러나 중근은 어떤 방법을 써서라도 사냥꾼들보다 더 먼저 사냥터로 향하고는 했어요.

7살 때부터 말을 타고 달리며 활쏘기를 배웠던 중근에게 총을 쏘는 일이란 아주 쉽고 신나는 놀이였어요. 중근은 사냥총으로 목표물을 맞히는 사격 솜씨가 참으로 뛰어났어요. 중근이 쏜 총알은 백발백중 목표물을 쓰러뜨렸으니까요.

"중근이는 말도 잘 탈 뿐만 아니라 명사수라니까!"

뛰어난 사냥꾼들도 중근의 사냥 솜씨를 칭찬할 정도였어요.

1894년, 그해 중근은 결혼을 했지만 나라는 점점 더 혼란스럽기만 했어요.

전라도 지방에서 일어난 동학 농민군이 고부군청을 습격한 뒤, 전국에서 동학혁명이 구름같이 일어났어요.

동학은 빠르게 농민 사이를 파고들었고, 그동안 벼슬아치들에게 당하고만 살았던 농민들에게 많은 영향을 끼쳤어요.

"사람이 곧 하늘이다!"

"사람 위에 사람 없고, 사람 밑에 사람 없다!"

모든 인간은 평등하다는 동학은 방방곡곡으로 퍼져 나갔어요. 순식간에 거대한 힘으로 단결된 동학 농민군은 부패를 일삼는 벼슬아치들과 맞서 싸우기 시작했어요. 그렇게 뭉친 동학 농민군은 전봉준의 지휘 아래 전라도 지방을 휩쓸고, 마침내 서울을 향해 진격했어요.

"동학 농민군이 서울로 올라오기 전에 물리쳐야 한다!"

"청나라에 도움을 청합시다!"

다급해진 조정에서는 청나라에 도움을 요청했어요.

"조선을 손아귀에 넣을 수 있는 기회다!"

청나라는 속셈을 숨기고 즉시 군대를 파견하였어요. 그러자 이번에는 일본이 나섰어요.

"청나라가 먼저 선수를 치면 조선은 청나라 손아귀로 들어간다."

일본은 조선의 허락도 없이 군함을 파견하고 군대를 서울로 보냈어요. 결국 일본과 청나라는 조선 땅을 차지하려는 욕심으로 조선 땅에서 전쟁을 일으켰고, 그 전쟁이 바로 청일전쟁이었어요. 그 전쟁에서 일본이 청나라를 이기고, 세력을 움켜쥐었어요.

"이제 조선은 우리 손아귀로 들어왔다. 청나라도 없앴으니 우리 마음대로 조선을 움직이면 된다!"

일본은 조선 조정을 협박해서 이른바 갑오경장 개혁(조선 고종 31년 갑오년에 개화당 정권이 정치 제도를 근대적으로 개혁한 일)을 일으키고 친일파들을 높은 자리에 앉혔어요. 그런 뒤에 서울로 올라오는 동학 농민군들을 공주의 남쪽 관문인 우금치에서 격퇴했

어요. 동학 농민군까지 물리친 일본의 힘은 하늘을 찌를 듯이 높아졌고, 조선의 일에 사사건건 간섭하기 시작했어요. 그러자 일본뿐만 아니라 미국, 영국, 프랑스, 러시아 등도 호시탐탐 조선 땅을 넘보았어요.

명성황후는 제일 먼저 일본의 세력을 몰아내야 된다고 생각했어요. 그래서 러시아와 가깝게 지냈어요. 그러자 일본 공사 미우라는 무서운 계획을 짰어요.

"황후를 없애지 않으면 조선을 완전하게 움켜쥐기 어렵다. 러시아가 더 세력을 뻗치기 전에 손을 써야 한다."

미우라는 조선에 와 있던 일본인 부랑배들을 시켜 명성황후를 없애도록 했어요. 그것이 바로 을미사변(조선 고종 32년에 일본 자객들이 경복궁을 습격하여 명성황후를 죽인 사건)이었어요. 명성황후가 시해되었다는 소식이 전해지자 백성들의 분노는 이만저만이 아니었어요.

"국모의 원수를 갚자!"

"모두 일어나서 일본을 쳐부수자!"

전국에서 동학 농민군이 다시 일어섰어요. 그 소식은 청계동에 사는 안태훈의 집에까지 날아들었어요. 황해도 감영에서 동학 농민군을 진압해 달라는 전갈을 보내왔어요. 전갈을 받은 안태훈은 군대를 모아 동학 농민군을 진압했어요. 대대로 나랏일을 해 왔던 안중근의 집안에서 볼 때, 동학 농민군은 나라를 위태롭게 할 적으로 여겨질 수밖에 없었던 것이지요.

안중근도 사냥꾼들을 동원해 동학 농민군 진압에 나섰어요. 안태훈은 동학 농민군이 버리고 간 군량 수천 포대 쌀을 군량미로 쓰고 농민들에게도 나누어 주었어요. 그런데 그 쌀이 화근이 되고 말았어요. 본래 그 쌀은 동학 농민군들이 어윤중, 민영준의 창고에서 빼앗은 것이었어요.

쌀을 동학 농민군에 빼앗긴 어윤중과 민영준은 조정에 상소를 올렸어요.

'황해도 신천의 안태훈은 쌀 천여 포대를 까닭 없이 훔쳐 그 쌀로 수천 명 병사를 기르며 장차 서울을 공격할 것으로 보이니 하루빨리 진압하는 것이 마땅합니다.'

어윤중은 고종 때의 대신으로 일본에 건너가 문물제도를 시찰하고 돌아오고, 청나라와 러시아와의 국경을 정하는데 노력한 인물로 동학혁명 때 선무사로 파견되기도 했습니다. 우리나라에 들어온 러시아의 세력이 강해지자 고종을 러시아 공사관으로 옮기게 하고 총리대신 김홍집을 죽인 뒤 도망쳤으나 용인에서 잡혀 죽었습니다.

민영준은 고종 때에 민씨 세도의 거물로 활동했으며 1894년 동학혁명 때 청나라 원세개의 권유에 의하여 청의 구원병으로 난을 진정하려다가 오히려 청일 양국의 동시 출병을 유치하여 청일전쟁이 일어나게 했습니다.

안태훈은 여러 방법을 써서 자신의 결백을 주장했지만 상황은 점점 더 불리해지기만 했어요. 안태훈은 목숨이 위험하다는 것을 깨닫고 프랑스 신부가 있는 천주교 성당에 몸을 숨겼어요. 그곳에서 안태훈은 독실한 가톨릭 신자가 되었고, 안중근도 영세를 받고 토마스라는 세례명을 얻었어요. 안중근은 프랑스인인 홍(빌헬름) 신부에게 교리도 배우고 서양의 문물에 대해서도 알게 되었어요.

"내가 어리석게도 동학 농민군을 진압하는 일에 앞장섰다니, 썩어빠진 나라를 바로 세워 보겠다고 목숨을 내놓고 싸운 동학 농민군을 적으로 몰았어. 참으로 부끄러운 짓을 했구나."

안중근은 홍 신부와 전교하러 다니던 그 무렵에 김창수(백범 김구)를 만났어요. 그때 김창수는 매우 어려운 처지에 있었어요. 안태훈은 창수 가족을 청계동에 와서 살도록 도와주었어요. 훗날 백범 김구는 '백범일지'에 안중근에 대해 이렇게 적었어요.

'안 진사(안태훈)의 맏아들 중근은 듬방이총이라는 짧은 총을 메고 사냥을 하러 나가고는 했다. 보기에도 총기가 있고 사격술이 으뜸이었다. 중근은 언제나 숙부와 사냥을 다녔는데 잡아 온 노루와 고라니로 군사들을 먹이고, 또 안 진사 여섯 형제의 안주로 삼았다.'

명성황후를 시해한 뒤, 일본은 조선 땅을 휘저으며 날뛰었어요. 그러자 이번에는 러시아가 명성황후 시해 사건을 교묘하게 이용했어요. 그 사건을 구실로 일본을 조선 땅에서 몰아내려 했던 것이지요.

일본과 러시아는 조선을 사이에 두고 팽팽하게 맞섰어요.

"황제의 나라가 되면 그 어떤 나라도 함부로 넘겨다 보지 못할 것이다!"

나라가 바람 앞의 촛불처럼 위태로워지자 고종은 서둘러 나라 이름을 대한제국으로 바꾸고 황제 자리에 올랐어요. 그렇게 살아남으려고 안간힘을 쏟았지만 모든 것이 역부족이었어요.

결국 1904년, 러일전쟁이 터졌어요. 그 전쟁도 일본의 승리로 끝났고, 강대국인 러시아를 이긴 일본은 이제 아무것도 거칠 것이 없을 정도로 힘이 강해졌어요.

얼마 뒤, 이토 히로부미가 일본 황제 친서를 들고 고종을 찾아왔어요. 이토 히로부미는 고종에게 을사늑약에 동의하라고 협박을 했어요.

일본이 내놓은 조약은 조선의 외교권을 일본에게 넘기라는 뜻이 담겨 있었어요. 외교권을 빼앗기면 조선은 더 이상 독립국이 아니라 일본의 간섭과 지배를 받는 나라가 되고 말아요.

"절대로 이 나라를 내놓을 수 없다! 이 나라가 너희 손아귀로 들어갈 것 같으냐!"

고종이 끝까지 버티자, 일본은 이완용을 비롯한 다섯 명의 대신들의 찬성을 받아 강제로 조약을 체결했어요.

이제 조선은 일본에 외교권을 빼앗긴 허수아비 나라가 되고 말았어요.

"이제 조선은 일본 손아귀로 들어갔다. 더는 이 나라에서 살 수가 없다."

안중근은 중국으로 이사를 하기로 하고 살 곳을 살피기 위해 상하이로 먼저 떠났어요. 그러다 상하이에서 곽 신부를 만났어요. 곽 신부는 프랑스 사람으로 황해도에 있을 때, 안중근과 친하게 지냈던 사람이었어요.

"나라가 어지럽다고 외국으로 도피하는 것은 좋은 생각이 아닐세. 그럴수록 나라를 지키면서 국민들에게 애국심을 심어 줘야지. 나라를 살리려면 첫째도 교육, 둘째도 교육일세. 지금 조선이 이렇게 혼란스러워진 것은 신문명을 받아들이지 않았기 때문일세. 고국으로 돌아가 학교를 세우고 신교육을 가르치게. 그것만이 조선이 사는 길이네."

곽 신부의 말을 들은 안중근은 곧 배를 타고 조선으로 돌아왔어요. 집에 돌아와 보니 아버지는 이미 저세상으로 떠난 뒤였어요.

> 오늘날의 국무총리와 같은 참정대신 한규설은 끝까지 강하게 반대했지만, 학부대신인 이완용과 군부대신 이근택, 내부대신 이지용, 외부대신 박제순, 농상공부대신 권중현 등이 조약에 찬성했습니다. 이들을 을사오적이라고 부릅니다.

"자식 도리를 못 한 불효를 용서하십시오. 그러나 나라를 위해 충성할 수 있도록 아버님께서 제게 용기를 주십시오."

안중근은 청계동을 떠나 진남포로 집을 옮겼어요. 그리고 그곳에서 석탄회사를 경영하며 양옥집 한 채를 빌려 삼흥학교를 세웠어요. 안중근은 곽 신부의 말대로 어린 학생들을 올바르게 가르쳐 나라를 지켜내는 큰 그릇으로 만들어야겠다고 다짐했어요. 무슨 일이든 한번 생각하면 남보다 빠르게 행동으로 옮기는 안중근은 온 재산을 털어 학교를 키우고 능력 있는 선생을 데려왔어요. 남포의 동의학교도 인수해서 학교 경영에 온 힘을 다했어요.

그러던 중, 헤이그 특사 사건으로 고종이 쫓겨나고, 한·일 병합 조약이 체결되고, 군대마저 해산되고 말았어요.

어느 날 아버지의 친구였던 김 진사가 안중근을 찾아왔어요.

"이 땅에서 젊은 학생들을 가르치는 일도 중요하지만, 자네처럼 유능한 사람이 나서서 일본과 맞서 싸워야 하네. 자네는 똑똑한 사람이니 내가 무슨 말을 하는지 잘 알고 있을 걸세."

며칠 동안 생각에 잠겨 있던 안중근은 학교를 다른 사람에게 맡기고, 중국 북간도로 출발했어요.

"교육만으로는 안 되겠다. 다른 방법을 찾아야 한다."

안중근은 의병을 일으켜 일본과 맞서야 한다고 판단했어요. 북간도에 도착한 안중근은 동포들이 모여 사는 용정촌에 머물면서 그곳 사정을 살펴보았어요. 하지만 그곳도 이미 일본의 손이 뻗쳐서 발붙일 곳이 없었어요. 안중근은 다시 러시아 땅 블라디보스토크로 향했어요.

"이곳은 러시아 땅이라 일본군의 손이 미치지 못했고, 한인들이 모여 학교를 세우고 독립운동도 하고 있으니 이곳에서 활동을 해야 되겠구나."

1907년에 일어난 헤이그 특사 사건은 을사늑약이 강압적으로 체결되자 고종이 제2차 만국평화회의에 이준, 이상설, 이위종을 특사로 파견하여 일제 침략을 호소하려던 사건입니다. 그 사건으로 일본은 고종을 황제 자리에서 몰아내고, 대한제국의 군대를 해산시켰습니다.

1910년 8월 16일, 통감은 비밀리에 총리대신 이완용에게 병합 조약안을 제시했습니다. 그리고 22일 이완용과 데라우치 사이에 한·일 병합 조약이 체결되었습니다. 이후 우리나라는 36년 동안 치열한 독립전쟁을 전개하였습니다.

안중근은 조선인들이 사는 마을을 돌아다니며 의병을 모았어요.

"앉아서 죽지 말고 일본과 맞서 싸워 이기는 것이 우리의 할 일입니다!"

"이곳에 사는 동지들을 모아 독립운동을 활발하게 펼치는 것이 좋겠습니다. 그러면 많은 동지들이 의병에 지원할 것입니다."

안중근은 이범윤, 엄인섭, 김기룡 등과 함께 무장 독립운동 단체를 만들었어요. 그러자 순식간에 300명이 넘는 의병 지원자가 몰려들었어요. 그렇게 해서 '대한 의병의 군대'라는 뜻의 '대한의군'이 만들어졌어요. 대한의군에서 안중근은 참모중장의 직책을 맡았어요.

대한의군은 무기를 구해 비밀리에 수송을 담당했고, 군대를 두만강 지역으로 집결시켜 적극적인 무장 독립운동을 펼쳤어요.

안중근은 당시 이름을 떨치고 있던 홍범도 부대와 연락을 취했어요.

"우리 두 사람이 힘을 합쳐 일본군을 공격하는 것이 어떻습니까?"

"좋습니다!"

안중근은 홍범도와 힘을 합쳐 함경도 일대의 일본군을 공격할 계획을 세웠어요. 얼마 후, 안중근 부대는 두만강을 건너 함경북도 홍의동에서 일본군을 공격하고 다음으로 경흥에서 일본군과 정찰대를 공격해서 격파했습니다.

하지만 안중근은 사로잡은 일본군 대부분을 풀어 주었어요.

"만국 공법에 사로잡은 적병을 죽이는 법은 없다. 가둬 두었다가 훗날 배상을 받고 돌려보내도록 하는 것이 좋겠다."

이범윤은 독립운동가로 1902년 청나라가 간도를 자기 땅이라고 우기자 포병을 조직하여 우리나라 사람을 보호하는 데 앞장섰습니다. 1907년 블라디보스토크에서 안중근 등과 대한의군을 만들어 함경도 지방을 공격하여 일본군에게 큰 피해를 입혔고, 1909년 의군부를 조직한 뒤 북로 군정서와 함께 청산리 전투에서 일본군을 크게 물리쳤습니다.

홍범도는 독립운동가로 만주 대한독립군의 총사령관이었습니다. 부대를 이끌고 일본군을 급습하여 많은 승리를 거두었습니다. 독립군 본거지인 봉오동 전투에서 독립군 최대의 승전을 기록하였으며, 청산리 전투에서는 제1연대장으로 참가하였습니다. 그 후 항일 단체들의 통합을 주선하여 대한독립군단을 조직, 부총재가 되었으며, 고려혁명군관학교를 설립했습니다.

안중근의 그 결정은 좋지 못한 결과를 낳았어요.

"흥, 목숨을 걸고 싸워서 붙잡은 포로를 풀어 주다니!"

부대 안에서 불만을 품은 사람이 늘어났어요. 게다가 풀어 준 포로들이 안중근 부대의 위치를 알려 주는 바람에 일본군의 기습 공격을 받고 말았어요. 결국 효령 전투에서 5,000명의 일본군을 만나 혈투를 벌였지만, 처참하게 패배하고 말았어요.

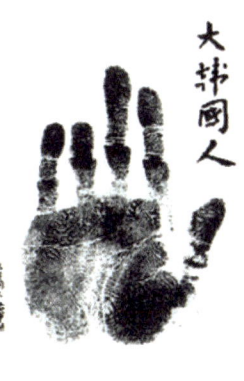

체포된 직후의 안중근 모습과 단지한 손도장. 안중근은 재판에서 이토 히로부미를 죽인 이유는 이토가 있으면 동양의 평화를 어지럽게 하고 한일 간이 멀어지기 때문에 한국의 의병 중장의 자격으로 죄인을 처단했다고 밝혔습니다.

싸움에서 패하자 부대원들은 뿔뿔이 흩어지고, 안중근은 간신히 목숨을 건져 블라디보스토크로 돌아갔어요.

1909년 봄, 안중근을 비롯한 열두 명의 단지(손가락을 자름)회 회원이 한자리에 모였어요.

"일본이 우리 조선 땅에서 물러날 때까지 투쟁을 멈추지 않아야 합니다!"

안중근은 모인 동지들에게 힘주어 말했어요.

"당연합니다. 우리 모두 목숨을 걸고 싸워야 합니다!"

모두 나라를 위해 기꺼이 목숨을 바치겠다는 굳은 결의가 가득 차 있었어요.

"내가 먼저 하겠습니다!"

안중근이 제일 먼저 왼손의 약지를 잘랐어요. 그런 뒤에 그 피로 태극기에 '대한 독립'이라 쓰고 이름을 적었어요. 그 자리에 있던 동지 모두 단지를 하고 혈서를 썼어요.

"우리는 피로 맹세한 동지입니다. 우리 열두 동지는 조국의 독립과 동양의 평화를 위해 목숨을 바치도록 합니다!"

"나는 조선 침략의 원흉인 이토 히로부미를 반드시 죽이고 말겠소!"

안중근이 말했어요.

"나는 나라를 팔아먹은 역적 이완용과 일본 앞잡이들을 하나둘 없앨 것입니다!"

나머지 회원들도 각자 투쟁 목표를 정하고, 만일 3년 안에 목표를 달성하지 못하면 스스로 목숨을 끊어 나라와 국민 앞에 사죄하기로 맹세했어요.

드디어 안중근이 기다리던 운명의 날이 서서히 다가오고 있었어요. 그해 9월, 대동공보(20세기 초 러시아에서 한국 교민단체가 발행한 신문) 편집 주임 이강이 안중근을 찾아왔어요.

"이토 히로부미가 러시아와 회담을 하기 위해 이곳 하얼빈에 온다는군."

"그놈들이 우리나라를 제 마음대로 주무르더니 이제 여기까지 손을 뻗치는군요. 두고 봅시다. 놈들의 뜻대로 되는지."

안중근은 우덕순과 함께 이토 히로부미를 제거할 계획을 세웠어요.

안중근은 제일 먼저 이토 히로부미가 어디에서 기차를 타고 내리는지 자세한 정보를 알아냈어요.

"특별열차가 하얼빈에서 장춘으로 가서 이토를 태우고 26일 채가구역에 도착한다는군."

안중근과 우덕순은 채가구역으로 갔어요. 그리고 역 근처의 조그만 여관에서 여장을 풀었어요. 안중근이 우덕순에게 말했어요.

"그자가 여기 역에 내리지 않아 일이 실패한다면 큰일 아닌가. 우리 둘 다 이곳에 있을 것이 아니라 각각 헤어져서 기회를 엿보도록 하세. 자네는 여기서 그자를 기다리게. 나는 하얼빈으로 가서 만일의 사태를 대비하겠네."

"그렇게 하는 것이 좋겠군."

우덕순은 충북 제천에 살다가 서울로 올라와 잡화상을 했습니다. 우리나라를 손아귀에 쥐려는 일제의 만행에 불만을 품고 블라디보스토크로 가서 이름을 연준으로 바꾼 뒤, 담배 판매업을 하며 안중근 등과 함께 항일 운동을 하였습니다.

안중근은 곧바로 하얼빈으로 향했어요.

10월 26일, 안중근은 새벽에 눈을 떴어요.

"이 일을 성공하게 하여 주십시오."

안중근은 무릎을 꿇고 오랫동안 기도를 했어요.

안중근은 일본인 기자로 변장하고 하얼빈역으로 들어갔어요.

하지만 우덕순은 거사에 실패하고 말았어요. 우덕순의 행동을 수상하게 여긴 여관 주인이 방문을 밖에서 잠가버렸거든요. 밖으로 나올 수 없게 된 우덕순은 기차 지나가는 소리를 들으며 발만 동동 구를 수밖에 없었어요.

하얼빈역은 마치 축제라도 벌이듯 북적거렸어요. 러시아의 재무대신을 비롯하여 하얼빈 주재 각국 외교관들, 군악대, 환영 인파로 발 디딜 틈이 없었어요. 경찰과 군인들도 눈을 번득이며 주변을 살피고 있었지만 아무도 안중근을 의심하지 않았어요.

아침 7시, 이토 히로부미를 태운 기차가 하얼빈역으로 들어섰어요. 드디어 기차가 도착하고, 이토 히로부미가 모습을 드러냈어요. 그는 의장대를 사열하면서 한 발 한 발, 안중근 쪽으로 다가왔어요.

구경꾼 틈에 섞여 있던 안중근은 천천히 가슴에서 권총을 꺼냈어요. 그리고 이토 히로부미의 가슴을 향해 네 발의 총을 쏘았어요.

"탕! 탕! 탕! 탕!"

안중근이 쏜 총소리는 역을 크게 울렸어요. 어려서부터 활쏘기와 총쏘기가 무엇보다 자신 있었던 안중근이었어요. 두 발은 이토 히로부미의 왼쪽 가슴에, 한 발은 심장을 명중시켰어요. 안중근은 태극기를 꺼내 우렁찬 목소리로 외쳤어요.

"대한 독립 만세!"

환영식장은 순식간에 아수라장이 되고 말았어요. 안중근 총을 맞은 이토 히로부미는 15분 후에 숨을 거두었어요.

안중근은 러시아 헌병들에게 끌려가면서 태연하게 물었어요.

하얼빈역에 내린 이토 히로부미 모습

이토 히로부미 저격 후 러시아 헌병들에게 붙잡히는 안중근 모습

"이토가 죽었는가?"

"그렇다. 그는 죽었다!"

그 말을 듣는 순간, 안중근은 뜨거운 눈물을 흘렸어요.

"오, 천주님, 감사합니다! 민족의 원수를 제 손으로 죽일 수 있게 해 주셔서 고맙습니다!"

안중근은 일본 재판정에서 재판받는 것을 끝까지 거부했어요. 사형을 며칠 앞둔 어느 날, 안중근은 어머니가 보낸 편지 한 통을 받았어요.

'네가 만약 늙은 어미보다 먼저 죽는 것을 불효라 생각한다면, 이 어미는 웃음거리가 될 것이다. 너의 죽음은 너의 한 사람 것이 아니라 조선인 전체의 공분(대중의 분노)을 짊어지고 있는 것이다. 네가 항소를 한다면 그것은 일제에 목숨을 구걸하는 짓이다. 네가 나라를 위해 이에 이른즉 딴 맘 먹지 말고 죽으라. 옳은 일을 하고 받은 형이니 비겁하게 삶을 구걸하지 말고 대의에 죽는 것이 어미에 대한 효도이다. 아마도 이 편지는 어미가 너에게 쓰는 마지막 편지가 될 것이다. 여기에 너의 수의를 지어 보내니 이 옷을 입고 가거라. 어미는 현세에서 너와 재회하기를 기대치 않으니 다음 세상에는 반드시 선량한 천부(하나님 아버지)의 아들이 되어 이 세상에 나오너라.'

사형을 며칠 앞두고 안정근, 안공근 두 동생이 찾아왔어요.

"내가 죽거든 하얼빈 공원에 묻어 두었다가 우리 국권이 회복되거든 고국으로 반장(객지에서 죽은 사람을 그가 살던 곳이나 그의 고향으로 옮겨서 장사를 지내는 것) 해 다오."

안중근은 심문 과정에서 일반 살인범으로 취급하지 말고 전쟁 포로로 대할 것을 주장했어요.

"나는 대한의군 참모중장이다. 내가 죽인 이토 히로부미는 대한의 독립 주권을 빼앗은 침략의 원흉이며 동양 평화를 해치는 자다. 대한의군 참모중장의 자격으로 이토 히로부미를 총살한 것이지 내 개인의 생각으로 그를 죽인 것은 아니다!"

안중근은 재판을 받을 때마다 항상 꿋꿋한 자세로 당당하고 논리 있게 주장했고, 그런 안중근의 모습을 보고 일본인 재판관과 검사들도 감탄했어요.

1910년 3월 26일 오전 10시, 안중근은 마지막 유언을 남겼어요.

"나는 천국에 가서도 또한 마땅히 우리나라의 회복을 위해 힘쓸 것이다. 대한 독립의 소리가 천국에 들려오면 나는 마땅히 춤추며 만세를 부를 것이다."

안중근은 뤼순형무소에서 사형당했어요.

안중근 의사!

하얼빈역에서 울린 그의 총소리는 우리 민족을 잠에서 깨우는 소리일 뿐만 아니라 동양의 화합을 알리는 평화의 종소리였어요.

조선은 왜 나라를 일본에게 빼앗겼을까요?

어느 날, 이토 히로부미가 일본 황제를 대신해서 고종을 찾아왔습니다.
"이제부터 대한제국은 다른 나라와 조약을 맺으려면 우리 일본의 허락을 받지 않으면 안 될 것입니다."
그 뜻은 대한제국의 외교권을 일본에 넘긴다는 조약을 맺자는 협박이었습니다. 외교권은 한 나라가 다른 나라와 동등한 위치에서 외교를 할 수 있는 권리인데, 외교권이 일본 손아귀로 넘어간다면 조선은 더 이상 독립국이 아니라 일본의 지배를 받는 나라가 되고 맙니다.
"어림없다! 대한제국의 황제인 내가 그따위 조약을 받아들일 것 같으냐!"
고종은 노발대발 화를 냈습니다.
"흥, 그렇게 나온다고 해서 우리 일본이 대한제국을 포기할 것 같습니까?"
이튿날, 이토 히로부미는 일본 군대와 경찰을 궁궐 안팎과 서울 시내 곳곳에 진을 치게 한 뒤에 조선의 대신들을 한자리에 모아 놓고 조약에 찬성하라고 강요했습니다. 그 자리에서 외부대신 박제순, 내부대신 이지용, 학부대신 이완용, 군부대신 이근택, 농상공부대신 권중혁, 이렇게 다섯 명의 대신들이 찬성했습니다. 일본은 조선의 대신 다섯 명이 찬성을 했으므로 황제인 고종의 찬성은 없어도 된다고 억지를 부렸습니다. 그렇게 1905년 11월 17일, 을사늑약이 맺어지고, 우리나라 외교권이 일본 손으로 넘어가고 말았습니다.
"을사늑약은 일본이 대한제국의 외교권을 박탈하기 위해 강제로 체결한 조약으로 대한제국 황제가 인정하지 않으므로 원인 무효 조약이다!"
고종은 을사늑약이 강제로 이뤄졌으므로 세계가 무효 조약이라는 사실을 인정해 주기를 바랐습니다. 하지만 힘의 논리가 우선시되었던 당시의 국제 사회는 일본에 그 합법성을 부여했습니다. 그러니까 일본이 을사늑약을 강제로 맺을 수 있었던 것은 미국과 영국 등이 일본을 도왔기 때문에 가능했던 것입니다.

그 당시는 강한 나라가 약한 나라를 나누어 갖는 제국주의 시대였습니다. 미국과 영국은 러시아의 힘이 강해지는 것이 두려워서 일본을 도와준 것입니다. 일본이 대한제국을 침략하는 것을 눈감아 주는 대신 미국은 필리핀을, 영국은 인도를 지배하기로 했습니다. 영국, 미국 등 서양 강대국들은 저마다 제 나라의 이익을 위해 대한제국을 일본 손에 넘겨준 것입니다.

"아, 어찌 남을 탓할 수 있단 말인가. 강대국의 농간을 이겨낼 힘도 못 갖추고 아무런 준비도 못 한 대한제국의 탓이다!"

온 나라가 술렁거리고, 고종을 보호하는 임무를 맡고 있던 군무대신 민영환은 스스로 목숨을 끊고 말았습니다. 최익현은 일흔이 넘은 나이로 의병장으로 나섰고, 백성은 한마음 한뜻으로 외교권을 되찾으려 일본과 맞섰지만 모든 것이 역부족이었습니다.

이토 히로부미와 대한제국 황태자(영친왕) 이은의 모습. 순종이 제2대 황제 자리에 오른 뒤 일곱 살의 나이로 황태자가 되었고, 1907년에 이토 히로부미에 의하여 강제로 일본 유학을 떠났습니다. 1920년에 일본 황족 나시모토노미야 마사코(이방자)와 정략혼인을 하였습니다. 1926년에 순종이 승하하자 왕위를 계승하였습니다.

"온 백성이 나라를 구하기 위해 목숨을 내놓고 싸우고 있으니 황제인 나도 가만있을 수 없다!"

고종은 편지를 써서 여러 나라에 보냈습니다.

'일본은 대한제국을 위협해서 강제로 외교권을 빼앗아 갔으니 바로잡아야 한다!'

고종의 편지가 영국 신문에 실리기도 했지만 별 효과는 없었습니다. 어느 나라도 대한제국의 일에는 관심조차 기울이지 않았습니다.

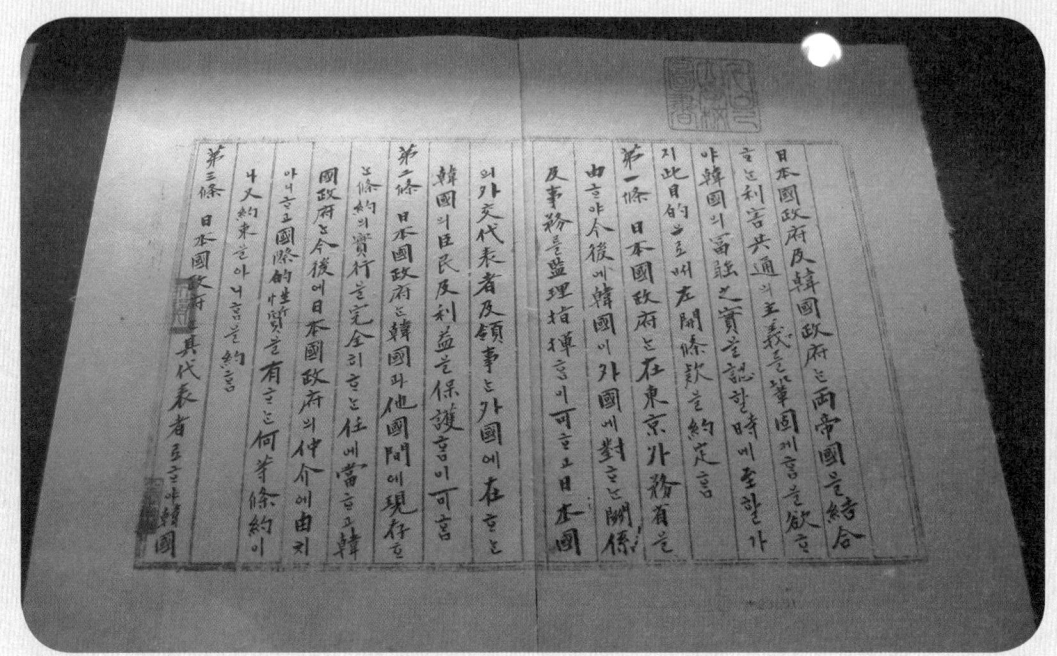

일본이 강제로 체결한 을사늑약 문서. 고종은 을사늑약의 부당함을 국제 사회에 알리려고 노력하였으나, 당시 국제 정세로 인해 고종이 보낸 밀서는 효과를 얻지 못하였습니다.

그래도 고종은 포기하지 않고 만국평화회의가 열리는 네덜란드 헤이그에 특사를 보냈습니다. 하지만 고종이 보낸 대한제국의 특사는 한 명도 안으로 들어갈 수가 없었습니다. 일본의 방해 때문이었습니다.

특사들은 러시아, 네덜란드, 미국, 프랑스, 독일 등 강대국 대표들을 찾아다니며 도움을 청했지만 모두 실패하고 말았습니다. 서양 강대국들은 모두 일본과 가까운 사이였고, 일본이 조선을 손아귀에 넣는 것에 이미 동의한 상태였기 때문입니다. 특사들은 포기하지 않았고, 여러 나라 신문 기자들이 모인 자리에서 연설할 기회를 얻어 낼 수 있었습니다. 다행히 일본의 만행을 전 세계에 알릴 수 있었습니다. 하지만 각국 기자들의 동정이 대한제국의 사태를 바꿔 놓을 수는 없었습니다. 결국 만국평화회의에서 조선의 처지를 알리고 외교권을 되찾으려고 했던 헤이그 특사들의 노력은 물거품이 되고 말았습니다.

일본은 그 일을 핑계 삼아 고종을 황제 자리에서 물러나게 했습니다.

"분명히 대한제국의 외교권을 일본에 넘겼는데 어째서 허락 없이 외국에 특사를 보냈습니까?"

일본은 고종을 황제 자리에서 물러나게 한 뒤에 황태자 이척(순종)을 황제 자리에 앉혔습니다. 그

을사늑약은 중명전에서 일본의 강압으로 체결되었습니다. 고종이 을사늑약의 부당함을 국제 사회에 알리기 위해 헤이그 특사로 이준 등을 파견한 곳도 중명전입니다.

것만이 아니었습니다. 나랏일을 맡을 사람도 모두 일본이 정하고, 법도 모두 일본이 정했습니다.

"일본이 정한 법과 규칙을 어기는 자는 용서하지 않겠다! 앞으로 조선인은 한자리에 모이면 안 된다!"

급기야는 1907년 대한제국의 군대마저 없애 버렸습니다.

"대한제국의 군대를 없애 버려야 우리가 대한제국을 마음대로 주무를 수 있다!"

대한제국의 군대 해산령이 내려지자, 대한제국의 군인들이 일제히 일어나서 일본군과 맞섰습니다. 서울 한복판에서 치열한 전투가 벌어지고, 길은 온통 피바다를 이루었습니다.

하지만 대한제국 군인들은 신무기로 싸우는 일본군에 지고 말았고, 대한제국은 외교권은 물론이고 군대도 없는 나라가 되고 말았습니다. 해산당한 군인들 중에서 많은 사람이 의병에 가담했고, 정식으로 군사 훈련을 받은 군인들이 가담하면서 의병은 몰라보게 힘이 강해졌습니다.

하지만 1910년 8월 16일, 일본은 학부대신에서 총리대신으로 승진한 이완용에게 대한제국과 일본을 합친다는 병합 조약을 내밀었고, 이완용은 병합 조약에 도장을 찍었습니다. 그것이 '한·일 병합 조약'입니다. 그렇게 대한제국은 일본의 식민지가 되고 말았습니다.

경복궁에는 일본 국기가 걸리고, 세계 지도에서 대한제국은 사라졌습니다.

훙커우 공원에서 폭탄을 던진
윤봉길

윤봉길은 1908년에 충청남도 예산군 덕산면 시량리에서 윤황의 장남으로 태어났어요. 봉길은 무슨 일이든 한번 마음먹은 일은 절대 물러서지 않았어요. 그런 봉길을 모두 걱정했지만 어머니만은 항상 봉길을 믿어 주었어요.

여섯 살 되던 해, 봉길은 큰아버지인 윤윤경에게서 학문을 배우기 시작했어요. 그런데 어찌 된 일인지 봉길은 공부 실력이 좀처럼 늘지 않았어요.

"머리가 나쁜 것도 아닌데 왜 공부 실력은 엉망일까?"

집안 어른 모두 걱정했지만 어머니만은 아니었어요.

"저 애는 아직 공부 맛을 모르기 때문에 조금 늦을 뿐이에요."

어머니의 말대로 봉길은 천자문을 뗀 후부터는 나날이 공부 실력이 좋아졌어요. 1918년 봄, 열한 살이 되던 해에 봉길은 덕산공립 보통학교에 입학하게 되었어요.

학교에 입학하고 일 년이 지나고 새 학기를 맞이했어요.

"오늘 공부는 그만한다. 모두 집으로 돌아가라. 장터 쪽으로는 가지 말 것!"

교실로 들어온 일본인 교장이 그렇게 말하고는 서둘러 나갔어요.

조선인 담임이 조용히 타일렀어요.

"지금 장터에는 조선 독립을 부르짖기 위해 사람들이 모이고 있다. 그 사람들을 막으려고 일본 경찰과 헌병들이 총칼을 들고 지키고 있으니 곧장 집으로 가야 한다."

봉길이 손을 들고 물었어요.

"선생님, 조선 독립이란 것이 무엇입니까?"

"지금 우리나라는 일본 손아귀에 들어가 있다. 그래서 사람들은 이제부터 일본 손아귀를 벗어나 우리 힘으로 나라를 이끌어가겠다고 부르짖는 것이다."

"조선 땅은 우리가 주인인데, 주인이 땅을 내놓으라고 하면 일본은 당연히 땅을 내놓아야 하는 것이 아닐까요?"

봉길의 질문에 선생님은 아무 대답 없이 교실을 나섰어요. 학교를 나선 봉길은 장터 쪽으로 향했어요.

"대한 독립 만세! 대한 독립 만세!"

장터에서는 수많은 사람이 태극기를 흔들며 목청껏 대한 독립 만세를 부르고 있었어요. 그러나 그 소리보다 더 요란한 소리가 장터를 흔들었어요.

"탕! 탕! 탕!"

귀청을 찢는 듯한 총소리가 들려오고, 만세를 부르던 사람들이 피를 흘리며 쓰러졌어요. 만세를 부르는 사람, 쓰러진 사람을 부둥켜안고 울부짖는 사람, 일본 헌병과 경찰에게 끌려가는 사람, 장터는 아수라장이었어요.

봉길은 놀란 눈으로 그 풍경을 지켜보았어요.

"왜 일본 놈들은 만세를 부르는 우리나라 사람들에게 총을 쏘고 칼을 휘두릅니까?"

집으로 돌아온 봉길은 아버지한테 물었어요.

"나라의 힘이 약하기 때문이란다. 일본은 우리 땅을 돌려주지 않기 위해 총칼을 휘두르는 것이다."

"일본 선생님들은 남의 것을 빼앗거나 거짓말을 해서는 안 된다고 가르쳤습니다. 그렇지만 일본은 세상에 둘도 없는 도둑이고 거짓말쟁이입니다! 거짓말쟁이한테는 절대 공부하지 않겠습니다! 학교에 다니지 않겠습니다!"

"공부를 해야 네가 원하는 것을 해낼 수 있다. 총칼보다 더 강하고 무서운 것이 공부다. 까막눈 백성들만 있다면 잃은 나라를 절대 되찾지 못한다."

아버지가 타일렀지만 봉길은 생각을 바꾸지 않았어요. 학교를 그만둔 봉길은 오치서숙이란 서당으로 들어가 공부를 시작했어요. 서당을 운영하는 훈장은 매곡 성주록이라는 한학자로 뜻이 곧고 정의감이 넘치는 교육자였어요.

성주록 훈장은 봉길에게 조상의 업적과 역사에 대해 자세히 들려주고는 했어요.

"성삼문은 단종 임금의 복위를 꾀하다가 끝내 목숨을 잃은 충신이고, 민영환은 일본 헌병들의 총칼에도 굽히지 않고 끝까지 을사늑약을 반대하다 스스로 목숨을 끊어 조선의 절개를 지킨 충신이다."

"저도 성삼문과 민영환처럼 나라를 위해 일하고 의롭게 살겠습니다."

윤봉길의 나이 14살이 되던 해, 이웃 마을에 사는 배용순이란 처녀와 혼인을 했어요. 결혼한 후에도 윤봉길은 학문을 게을리하지 않았어요. 성주록 훈장은 윤봉길에게 '매헌'이란 호를 지어 주었어요.

"제아무리 추운 겨울 날씨에도 꽃을 피워 향기를 내뿜는 매화처럼 한평생을 부디 고결한 기상으로 살아 주기를 바라는 마음이다."

얼마 후, 윤봉길이 믿고 따르던 성주록 훈장이 마을을 떠났어요.

"이제부터는 네가 후배들을 이끌고 가르쳐야 할 것이다. 내게 배우는 것은 그 정도면 충분하고, 앞으로는 대한의 남아답게 행동으로 옮기면서 배움을 닦도록 해라."

성주록 훈장은 떠나기 전 윤봉길에게 당부했어요.

"스승님의 뜻을 잘 받들겠습니다."

성주록 훈장이 떠난 뒤, 윤봉길은 앞으로 할 일을 곰곰이 생각했어요.

그러던 어느 날, 산에 갔다가 많은 무덤 사이를 돌아다니며 울고 있는 한 남자를 보았어요.

"왜 울고 계십니까?"

"글을 읽을 줄 몰라서 어떤 묘가 아버지 묘인지 알 수가 없어 울고 있습니다."

그 남자의 말을 듣고 윤봉길은 비로소

성삼문은 사육신의 한 사람으로 훈민정음을 만드는 데 큰 공을 세우기도 했습니다. 세조가 단종을 내쫓고 왕위에 오르자, 아버지 성승, 박팽년과 함께 단종의 복위를 꾀하다 김질의 밀고로 실패했습니다. 단종에 대한 충성을 끝까지 굽히지 않아 극형에 처해졌습니다.

민영환은 명성황후가 일본인에게 살해되자 벼슬에서 물러났습니다. 러시아, 영국, 독일, 프랑스, 이탈리아, 오스트리아 등의 대사를 맡아 근대화된 외국의 모습을 보고 돌아와 정부에 정치, 경제, 군사 등 사회 전반에 걸쳐 개혁을 건의했습니다. 자주독립을 지키는 데 힘써야 한다고 주장한 독립협회 활동을 지원하기도 했습니다. 일본의 강압으로 을사늑약이 맺어지자 스스로 목숨을 끊었습니다.

해야 할 일을 찾았어요.

"글을 몰라서 부모의 묘도 못 찾는 지경인데 나라를 어떻게 찾는단 말인가. 그래, 사람을 깨우치게 하는 것이 곧 나라를 구하는 길이다!"

윤봉길은 야학을 열어 공부를 가르치기 시작했어요. 그러는 한편 신학문에 관련된 책을 구해 열심히 공부했어요.

"신학문을 배우지 않으면 절대 일본을 이길 수 없다!"

윤봉길은 청년과 아이들이 있는 곳이면 어디든지 찾아가 공부할 것을 권했어요.

"사람으로 태어나 학문을 배우지 못한다면 마치 벽을 향해 앉은 사람과 무엇이 다를 것 같소?"

야학이 어느 정도 자리가 잡혀가자 이번에는 청년 계몽 운동에 힘을 쏟았어요.

"청년 여러분! 우리의 농촌은 예나 지금이나 변한 것이 없습니다. 우리 청년들이 힘을 합쳐 우리 동네부터 먼저 새롭게 일으킵시다!"

청년들은 윤봉길의 말에 모두 찬성했어요. 그래서 '부흥원'이란 이름을 짓고 계몽 운동을 펴기로 하였어요. 윤봉길은 부흥원을 더 발전시키기 위해 네 가지 실천 사항을 정했어요.

첫째, 곡식 한 톨이라도 더 거둬들이는 증산 운동 펴기

둘째, 구매 조합을 만들어 농산물을 한 푼이라도 더 받을 수 있도록 하고, 비료나 농기구를 싼값으로 사들여 농촌 경제 살리기

셋째, 국산품 애용과 왜놈이 만든 물건 배척하기

넷째, 부업 장려 운동으로 농사짓는 일 외에도 누에치기, 가축 기르기, 가마니 돗자리 짜기 등으로 가정 경제 살리기

윤봉길은 농촌 운동의 폭을 더욱 넓히기 위해 '날로 앞으로 나아가고, 다달이 전

진한다'는 뜻으로 '월진회'란 모임도 만들었어요. 윤봉길은 월진회를 통해 마을 청소년들에게 애국심을 일깨우고 근면과 협동 정신을 가르쳤어요.

일본은 조선의 모든 권한을 빼앗았지만 나라를 되찾으려는 만세 운동은 쉬지 않고 계속 일어났어요. 6·10 만세 사건에 이어 광주 학생 항일 운동이 일어났어요.

광주 학생 항일 운동이 일어나자 윤봉길은 친구 정종갑의 동생인 정종호와 정종진이 다니는 예산농업학교 학생들에게도 항일 운동에 참여할 것을 권했어요. 그 뒤, 예산농업학교 학생들은 만세 운동을 펼쳤고, 그 일로 윤봉길은 일본 경찰의 감시를 받기 시작했어요. 윤봉길은 경찰의 눈을 피해 만주로 가기로 결정했어요.

"나라를 구하려면 언제까지나 고향에만 머물러 있을 수는 없다."

하지만 가족들에게 떠난다는 말을 차마 할 수가 없었어요. 이제 겨우 세 살인 어린 아들과 부모님, 그리고 아내와 누이동생들……

어느 날 아침, 윤봉길은 친정 나들이를 하러 집을 나서는 어머니 손에 수건 한 장과 과자 한 봉지를 건넸어요.

"어머니, 조심해서 다녀오십시오."

수건을 받아든 어머니는 웃으면서 말했어요.

"마치 영영 이 어미를 못 보기라도 할 것처럼 그러는구나."

> 6·10 만세 사건은 1926년 6월 10일, 조선의 마지막 임금 순종의 장례일에 일어난 독립운동입니다. 순종의 장례일에 많은 사람이 모일 것을 예상한 여러 학교의 학생들이 3·1운동과 같은 대일항쟁운동을 일으키기 위해 격문(어떤 일을 급히 여러 사람에게 알리어 부추기는 글)을 인쇄하고 태극기를 만드는 등 사전 준비를 했습니다. 조선총독부는 이날 경찰과 일본군을 5천 명 넘게 동원해서 삼엄한 경비를 펼쳤습니다. 오전 8시 30분경 중앙고보(중앙고등학교) 학생들이 격문을 뿌리며 독립 만세를 외친 것을 시작으로 전국적으로 만세 운동이 퍼져 나갔습니다.
>
> 광주 학생 항일 운동은 1929년 11월 3일 광주에서 일어난 학생들의 항일 투쟁 운동입니다. 앞서 10월 30일 오후에 광주역을 출발한 통학 열차가 나주역에 도착했을 때 광주중학 3학년 후쿠다 슈조 등의 일본 학생이 광주여고보 3학년인 박기옥 등을 희롱하는 것을 목격한 박기옥의 사촌 동생 박준채 등이 후쿠다를 후려치자 학생들 사이에 편싸움이 벌어졌습니다. 11월 3일 오전에 광주중학의 일본인 학생과 광주고보의 한국인 학생 간에 다시 충돌이 일어났고, 처음에는 개인 간의 감정 충돌이던 것이 학교와 학교 간의 충돌로 확대되었고, 나아가 한국인과 일본인 학생 간의 충돌로 발전했습니다. 광주 학생들은 대한 독립 만세를 외쳤으며, 전국적으로 항일 운동이 일어나게 된 계기가 되었습니다.

어머니의 말이 윤봉길의 마음을 더 아프게 했어요. 윤봉길은 잠든 어린 아들 뺨을 가만히 만져 준 뒤, 아내에게 물 한 대접을 가져다 달라고 했어요. 아내는 둘째 아이를 임신 중이어서 몸이 몹시 무거웠어요. 윤봉길은 아내가 건네준 물을 들이켜고 말없이 몸을 일으켰어요.

"아버님, 다녀오겠습니다."

집을 나서기 전, 윤봉길은 아버지에게 마지막 인사를 했어요. 가족은 윤봉길의 행동을 조금도 이상하게 여기지 않았어요. 잠시 외출했다 돌아오는 줄 알았으니까요.

윤봉길이 가족에게 남긴 것은 '정부 출가 생불환'이라고 쓴 붓글씨가 전부였어요. 사내대장부가 뜻을 세워 집을 나가니, 뜻을 이루기 전에는 결코 살아서 돌아오지 않겠다는 뜻이 담긴 글이었어요.

윤봉길이 집을 떠나 평안북도 선천을 지날 때였어요. 고향에 있는 황종진에게 편지를 쓰고 있는데 일본 형사가 다가왔어요.

윤봉길은 재빨리 편지를 감추었지만, 일본 형사 눈은 피하지 못했어요.

"어디를 가려고 기차를 탔느냐!"

일본 형사는 편지를 낚아채며 물었어요.

"드넓은 만주 벌판에서 피 끓는 조선 청년의 뜻을 펼치고자 한다고?"

일본 형사는 편지를 읽고는 다짜고짜 윤봉길을 경찰서로 끌고 갔어요.

"여기에서 살아 나가려면 무슨 목적으로 만주로 가려는지 말해라!"

"말하지 않았소! 조선 땅에서는 먹고 살기가 힘들어서 만주로 가려는 것뿐이오!"

형사들은 윤봉길을 독립군으로 여기고 갖은 고문을 다 했어요. 윤봉길은 채찍질과 고문을 당하면서도 몸보다 마음의 고통을 참기가 더 어려웠어요. 윤봉길을 고문하는 형사들은 거의 조선인이었어요.

"이 나라는 땅만 잃은 것이 아니라 정신까지 일본에 빼앗기고 말았구나."

윤봉길은 경찰서에서 한 달 보름 동안 고문을 당했어요. 몸과 마음이 엉망진창이 된 채 풀려난 윤봉길은 여관에 묵으면서 몸을 추슬렀어요. 그런 뒤에 어느 정도 건강이 회복되자 중국으로 건너가 다롄을 거쳐 칭다오에 도착했어요.

윤봉길은 1931년 여름까지 그곳에서 세탁소 직원으로 일하며 봉급을 받아 집으로 보냈어요. 그러다 그해 8월에 대한민국 임시정부가 있는 상하이로 옮겨 갔어요.

상하이에 도착해 김구를 만난 윤봉길은 차분하게 말했어요.

"선생님, 저에게 나라를 위해 도움이 될 만한 큰 일을 주십시오. 나라와 민족을 위한 일이라면 목숨도 아끼지 않겠습니다."

김구는 윤봉길을 크게 반겼어요.

"장하오! 그대 같은 용감한 청년이 있는 한 조선의 독립은 꼭 이루어질 것이오."

'한인 애국단'을 이끌어 가고 있던 김구는 윤봉길을 진심으로 반겼어요.

그 무렵에 일본은 중국마저 삼키기 위해 혈안이 되어 있었어요. 얼마 전에 만주사변을 일으킨 일본이 이번에는 상하이사변을 일으켰어요.

상하이에 주둔해 있던 일본군은 중국인 자객을 시켜 일본인 한 명을 죽이게 한 뒤에 중국인이 일본 사람을 이유 없이 살해했다며 트집을 잡은 뒤에 대병력을 상하이에 투입했어요. 중국 측에서는 일본군을 맞아 완강하게 싸웠지만, 전쟁을 꺼려한 중국 정부의 소극적인 태도로 휴전이 성립되고 말았어요.

그런 데다 1932년 1월에 이봉창이 동경에서 일본 왕을 폭살하려다 실패하자 상하이 일대는 아주 복잡한 상황에 빠졌어요.

윤봉길은 야채상으로 가장해서 일본군의 정보를 낱낱이 파악했어요.

어느 날, 김구가 윤봉길 앞에 신문 한 장을 펼쳐 놓았어요.

'일본 천황 축하식을 4월 29일 훙커우 공

> 한인 애국단은 김구가 중심이 되어 만든 비밀 단체로, 우리나라의 독립을 위하여 목숨을 바칠 각오가 된 사람들이 일본의 주요 인물들을 무력으로 없애려고 조직된 단체입니다. 1932년에 2대 암살 사건으로 큰 파문을 일으켰습니다. 2대 암살 사건은 이봉창 의사의 일본 황제 저격 사건과 윤봉길 의사의 훙커우 공원 폭탄 투척 사건입니다.

원에서 거행한다. 일본인은 모두 참석하라. 일장기, 도시락, 물통만 지참하라.'

신문에는 그런 글이 쓰여 있었어요. 일본은 상하이사변이 휴전 협정으로 끝이 났지만, 일본의 승리나 다름없다고 여기고 황제의 생일을 상하이에서 열겠다고 한 것이었어요.

"그렇다면 상하이사변으로 침입해 있는 일본군의 우두머리와 고관들이 모두 참석한다는 뜻이니 이보다 더 좋은 기회는 없을 것이오."

일본 신문에는 축하식장의 혼잡을 피하려고 매점을 폐쇄하므로 행사에 참석할 사람은 도시락과 물통 하나, 그리고 일장기를 휴대하라는 내용이 실려 있었어요.

"도시락을 이용하면 되겠소. 공식적으로 도시락을 들고 오라고 했으니 도시락 검사는 안 할 것 아니오. 하늘이 내린 기회요. 우린 진작부터 만반의 준비를 하고 이날을 기다렸소. 왜놈들의 우두머리를 먼저 없애야만 일본 천지를 뒤흔들 수 있소. 그러면 세계가 우리를 눈여겨볼 것이오."

"저에게 이처럼 중대한 임무를 맡겨 주시니 말할 수 없이 기쁠 따름입니다. 집을 떠난 뒤 이런 날이 제게 주어지기만을 손꼽아 기다렸습니다."

거사 사흘 전에 윤봉길은 한인 거류민단 사무실에서 한인 애국단 입단 선서식을 거행했어요. 폭탄 제조는 김홍일(독립운동가)이 맡았어요.

"폭탄 하나는 도시락으로 하나는 물통으로 만들겠습니다."

흔히 윤봉길 의사가 도시락 폭탄을 던졌다고 알려져 있으나 도시락 폭탄은 자폭용이었으며, 실제 의거에 사용한 것은 물통 폭탄이었어요.

마침내 거사 당일인 1932년 4월 29일, 윤봉길과 김구는 함께 아침을 먹었어요.

"쇠고기 국밥을 준비하라고 미리 말해 놓았소. 배불리 먹도록 하시오."

김구의 말에 윤봉길은 활짝 웃었어요.

"조선인에게는 쇠고기 국밥이 최고의 밥이지요."

　윤봉길의 마지막 식사 모습을 지켜보는 김구의 가슴은 찢어질 듯 아팠어요. 김구의 나이는 57세였고, 윤봉길은 만 24세였으니 김구에게 윤봉길은 아들뻘이었어요.
　"나라를 이 지경으로 만든 어른들 때문에 앞길 창창한 청년을 사지로 보내고 있구나……."
　윤봉길은 자신의 6원짜리 시계와 김구의 2원짜리 시계를 바꾸자고 했어요.
　"선생님은 더 오랫동안 시계가 필요할 테니 제 시계와 바꿔 차십시오. 제 시계는 앞으로 몇 시간밖에는 쓸 일이 없으니까요."
　"훗날 지하에서 만나세!"
　김구는 윤봉길은 꼭 껴안으며 성공을 기원했어요.

윤봉길은 훙커우 공원으로 출발하기 전, 주머니에 남아 있던 돈을 모두 김구에게 내놓았어요.

"돈 좀 가져가면 어때서 그렇소?"

김구가 묻자 윤봉길은 웃으면 대답했어요.

"자동차 삯을 치르고도 5, 6원 정도는 남아서요. 제게는 돈이 필요 없습니다."

그것이 김구와 윤봉길이 나눈 마지막 대화였어요.

윤봉길이 도착한 훙커우 공원은 몰려드는 사람들로 몹시 복잡했어요. 윤봉길은 유창한 일본말로 유유히 검문검색을 통과했어요.

드디어 축하식이 시작되고, 전면 중앙 단상 가까이 다가간 윤봉길은 기회를 엿보았어요. 귀빈석에는 일본군의 우두머리와 고관들이 엄숙한 표정으로 앉아 있었어요.

11시 40분, 일본 국가가 울려 퍼지자 모두 자리에서 일어섰어요.

"그래, 지금이다!"

윤봉길은 품고 있던 물통 폭탄을 꺼내 귀빈석을 향해 힘껏 던졌어요.

꽝! 천지를 뒤흔드는 폭발 소리가 울리고 훙커우 공원은 순식간에 아수라장이 되고 말았어요. 첫 번째 폭탄이 터진 뒤, 윤봉길은 도시락 폭탄을 손에 쥐었어요. 스스로 목숨을 끊기 위해서였어요. 그 순간 일본 헌병들이 한꺼번에 달려들어 윤봉길을 덮쳤어요.

"대한 독립 만세!"

윤봉길은 끌려가면서 목이 터져라 만세를 불렀어요. 윤봉길이 터뜨린 폭탄으로 상하이 파견군 사령관 시라카와 대장과 일본인 거류민단장 가와바타가 죽고, 3함대 사령관 노무라 해군중장, 제9사단 우에다 중장, 시게미쓰 주중 공사, 무라이 총영사, 거류민단 서기장 우노 등 중국 침략의 우두머리들이 크게 다쳤어요.

"잡혀서 죽을 짓을 왜 했느냐?"

일본 헌병이 묻자 윤봉길은 태연하게 대답했어요.

"내 조국을 짓밟고 내 민족을 노예로 만든 적국의 원수들을 죽인 것은 대한 남아로서 마땅히 해야 할 일이다. 나뿐만 아니라 대한의 청년들 모두 기회만 있다면 목숨을 아끼지 않고 네 놈들에게 폭탄을 던질 것이다!"

윤봉길은 온몸이 피투성이가 될 정도로 구타를 당했지만 끝까지 의연했어요.

"이번 일은 모두 나 혼자 한 일이다. 대한의 청년들은 너희 놈들을 쳐부술 기회를 찾기 위해 눈에 불을 켜고 있다는 사실을 잊지 마라!"

일본 헌병들은 윤봉길의 입을 열게 하려고 온갖 가혹한 방법을 다 동원했고, 윤봉길은 만신창이가 되고 말았어요. 윤봉길은 갖은 고문을 당한 뒤에 그해 12월에 일본 오사카형무소에서 사형당했어요. 윤봉길의 죽음은 세계 여러 나라에 우리의 독립을 알리고, 일본이 조선을 두려워하기 시작한 계기가 되었어요.

중국 총통 장제스는 윤봉길의 의로운 행동을 이렇게 말했어요.

"우리 중국의 백만 대군도 못 한 일을 조선 청년 윤봉길 혼자서 해 내었구나!"

윤봉길은 죽기 직전, 큰아들 종과 둘째 아들 담에게 유서를 남겼어요.

'강보(어린아이의 작은 이불)에 싸인 두 병정에게. 너희도 만일 피가 흐르고 뼈가 있다면 반드시 조선을 위하여 용감한 투사가 되어라. 태극의 깃발을 높이 드날리고 나의 빈 무덤 앞에 한 잔 술을 부어 놓거라. 너희는 아비 없음을 슬퍼하지 마라.'

윤봉길의 폭탄 투척 전의 단상 모습

폭탄 투척 후 체포된 윤봉길 모습

나라를 되찾으려는 의병들의 활동

1905년 일본은 강제로 을사늑약을 맺은 뒤, 고종 황제를 강제 퇴위시키고, 황태자 이척(순종)을 대한제국 2대 황제 자리에 앉혔습니다.

하지만 나라를 되찾으려는 의병들이 들불처럼 일어났고, 의병 부대는 전국 각지에서 일본군과 치열한 전투를 전개했습니다. 양반 의병장으로는 유인석, 최익현, 허위, 이인영, 이강년, 이소응 등이 있었고, 평민 의병장으로는 신돌석, 홍범도, 안규홍, 전해산 등이 있었습니다.

의병장은 대부분 양반 유생이었지만, 의병에 참가한 사람은 대부분 평범한 백성이었습니다. 농민, 사냥꾼, 머슴, 장사꾼, 군인……. 그중에서도 가난한 농민 출신 의병이 많았습니다. 고종 황제로부터 독립단체를 조직하라는 지시를 받은 최익현은 그때 나이 일흔네 살이었습니다.

"나라를 팔아먹은 이완용 무리를 처벌하고 강제 조약을 폐기하도록 해야 한다!"

최익현은 의병의 궐기를 호소하는 글을 전국에 돌리고, 80명의 제자와 함께 의병을 모아 기회를 노렸습니다. 박상진, 채기중 등은 대구에서 대한 광복회라는 비밀 결사 단체를 조직하고 친일 지주, 관료들을 공격해 독립군 지원금을 마련하고 세금을 싣고 가는 마차를 급습하는 등 활발하게 활동을 펼쳤습니다.

경상북도 영해의 농민이었던 신돌석은 열여덟 살에 의병에 참가했던 경험이 있었고, 10년 동안 뜻을 키워 온 청년이었습니다. 스물여덟 살에 의병장이 되자 신돌석을 따르는 사람이 날이 갈수록 늘어났고, 부하 중에는 양반 출신도 많았습니다.

"나는 직접 의병으로 활동할 수는 없지만 돈을 대도록 하겠습니다."

"나는 의병들의 식량을 책임지도록 하겠습니다."

많은 사람이 신돌석과 뜻을 같이했습니다.

신돌석은 울진 장흥관에서 일본 군선 9척을 파괴하고, 원주에서 일본군들을 습격하였습니다. 삼척, 강릉, 양양, 간성 등지에 주둔한 일본군을 공격하고, 전선 가설 작업장을 공격해서 방해 작전을 펼치기도 했습니다. 의병들의 공격을 받은 일본군이 영양의 주곡으로 퇴각을 서두르자 곧바로 공격해서 격퇴하고, 경주의 대산성을 비롯해 수많은 곳에서 일본군과 전투를 벌여 승리를 거두었습니다.

"우리 적은 일본이다. 우리 백성은 절대로 괴롭혀서는 안 된다. 폐를 끼쳐서도 안 된다!"

신돌석은 가는 곳마다 환영을 받았고, 3,000여 명이 신돌석이 이끄는 의병에 자원했습니다.

신돌석은 '태백산 호랑이'라고 불렸습니다. 신돌석은 태백산맥의 깊은 골짜기에 비밀 기지를 여러 군데 만들어 두고 태백산맥의 산줄기를 넘나들었습니다. 경상도, 강원도, 동해안 등 활동 무대가 상당히 넓었습니다.

"신돌석은 축지법을 써서 동에 번쩍, 서에 번쩍 귀신처럼 날아다닌다!"

왼손에 수류탄, 오른손에 권총을 들고 태극기 앞에 선 윤봉길 모습과(위) 김구와 함께 태극기 앞에 선 윤봉길의 모습(아래)입니다.

그런 소문이 떠돌았고, 일본군은 신돌석을 두려워할 수밖에 없었습니다.

하지만 많은 의병의 활약에도 불구하고 일본군과 맞서 싸우기에는 많은 것이 부족했습니다.

"이렇게 의병들이 따로 움직이면 큰 성과를 이룰 수 없습니다. 의병 부대가 한데 뭉쳐서 서울로 진격하는 것이 좋겠습니다."

1907년 12월, 유인석, 이인영, 이강년, 허위 등이 연합 부대를 만들기로 했습니다.

"앞으로 우리 연합 부대의 이름은 13도 창의군이다!"

1907년 일제에 맞선 무장 의병의 모습. 의병들은 13도 창의군을 조직하여 서울 공격을 시도하는 등 강력히 저항하였으나, 결국 일본군에 의해 진압되거나 해산될 수밖에 없었습니다. 그러나 많은 의병이 독립군과 광복군에 참여하여 항일 무장 독립운동의 큰 뿌리가 되었습니다.

13도 창의군은 양주에서 모여 서울을 공격하기로 했습니다.

연락을 받은 신돌석도 의병 1,000여 명을 이끌고 양주로 갔습니다. 그러나 의병 재편 과정에서 신돌석은 평민 출신이라는 이유로 제외되고 말았습니다.

"신돌석은 뛰어난 의병장이기는 하지만 평민이므로 함께 참여할 수가 없다."

당시 의병은 양반이나 유생 출신이 지휘했는데, 신돌석은 평민이라는 이유로 제외된 것입니다.

13도 창의군은 순식간에 서울 동대문 밖 30리 지점까지 나아갔습니다. 하지만 계획과 지도력의 미흡으로 서울 공격을 성사시키지 못하고 해산되고 말았습니다.

"우리는 13도 창의군과 별도로 활동할 것이다!"

신돌석은 경상도 부근에서 활발하게 활동을 펼쳤습니다.

함경도에서는 의병장 홍범도가 눈부신 활동을 펼치고 있었습니다. 사냥꾼이었던 홍범도는 포수들과 힘을 합쳐 의병을 일으켰습니다.

홍범도 부대는 백발백중의 명사수들로 이뤄졌고 산을 담 넘듯 넘나들며 일본군을 격파했습니다. 남쪽 신돌석, 북쪽 홍범도의 활약은 일본군을 벌벌 떨게 만들 정도였습니다.

그러자 일본은 의병을 토벌하기 위해 헌병과 경찰을 동원해 무단 통치를 철저하게 했습니다.

"어떠한 집회나 결사도 허용되지 않는다!"

대한매일신보, 황성신문, 제국신문, 만세보 등 대한제국의 기관지를 모조리 폐지하고 남한 대토벌 작전을 벌였습니다.

"먼저 전라도 의병을 싹 없애고, 강원도와 황해도로 나아가면서 남은 의병들을 모조리 없애도록 한다!"

일제는 눈에 불을 켜고 의병 토벌 작전을 펼쳤던 것입니다.

두 달 동안 벌어진 남한 대토벌 작전으로 의병장 100여 명, 의병 4,000명이 붙잡히거나 죽임을 당하고 말았습니다.

"우리 힘이 강해져야 일본을 몰아낼 수 있다. 싸워서 승리를 거두는 것도 좋지만 청나라까지 이긴 일본군을 몰아내기는 쉬운 일이 아니다. 이 좁은 땅에서 일본과 싸우는 것은 애꿎은 우리 백성의 생명을 없애고 나라를 오히려 쑥밭으로 만들 수도 있으니 중국이나 러시아로 가서 독립운동을 펼쳐야 되겠다."

국내에서 활동을 계속하기 어렵게 되자 많은 의병이 두만강이나 압록강을 건너 중국 만주, 또는 러시아 연해주로 떠났습니다.

그들은 그곳에서 독립군이 되어 일본과 싸움을 계속했던 것입니다.

홍범도는 1895년경부터 의병에 뛰어들었습니다. 1907년 전국에서 일어난 의병에 자극을 받아 갑산에서 의병을 일으키고 삼수·갑산 등지에서 유격전을 펼치다 만주 간도로 건너가 독립군을 양성하였습니다.

남한 대토벌 작전은 1909년 9월부터 2개월 간 일본군에 의해 자행된 남한 지역 의병에 대한 대대적인 토벌 작전이었습니다. 당시 한반도 북부 지방에 있던 의병들은 을사늑약을 전후하여 만주와 연해주 등지로 옮겨 갔지만, 남한의 의병들은 삼남 지방 특히 지리산과 전라도 해안 지역에서 크게 활약하고 있었습니다. 일본은 의병 부대들을 토벌하려고 보병 2개 대대와 해군 함정까지 동원해 대규모 작전을 펼쳤습니다. 그들은 조금이라도 의심이 가는 사람이면 무조건 사살했습니다. 일본이 민간 탄압을 강화하고 전국을 공포 분위기로 몰아넣으며 식민지 지배의 기초를 다져가자 많은 의병이 만주 등지로 옮겨가 독립 전쟁의 전사가 되었습니다.

흥사단을 조직하고 독립신문을 발간한
안창호

안창호는 1878년 11월 9일, 평안남도 강서에서 안흥국의 셋째 아들로 태어났어요. 안창호는 어려서부터 책을 무척 좋아했어요. 남달리 목소리가 고와서 소리내어 책 읽기를 즐겨하고는 했어요.

"노내미 집 셋째를 불러다가 재미있는 이야기 좀 들어볼까?"

동네 사람들은 종종 그렇게 말하고는 했어요. 노내미는 노남리라는 마을의 다른 이름이에요. 사람들은 창호라는 이름 대신에 '노내미 집 셋째'라고 불렀어요.

창호가 여섯 살이 되던 해, 아버지는 노남리를 떠나 대동강 부근으로 집을 옮겼어요. 그때부터 창호는 한문으로 된 책으로 공부를 시작했어요. 하지만 쉴 틈 없이 일을 하는 아버지를 보면서 공부만 할 수는 없었어요. 그래서 창호는 소를 몰고 다니며 목동 노릇도 해야 했어요.

그런데 창호가 열한 살이 되던 해, 아버지가 세상을 떠나고 말았어요. 아버지가 세상을 떠난 뒤, 창호는 오랫동안 방황을 했어요.

"내가 이렇게 계속 방황을 하면 아버지가 몹시 속상해하실 거야."

가까스로 마음을 잡은 창호는 할아버지가 살고 있는 노남리로 돌아갔어요. 할아버지는 창호를 몹시 엄하게 키우려고 했어요. 어떤 일이든 반듯하게 행동하고, 남에게 피해를 입히는 일은 절대 못하게 했어요. 창호는 고모 집에 놀러 가는 것을 좋아했지만 할아버지는 항상 반대했어요.

"너는 고모가 보고 싶어서 가지만 고모 혼자 사는 집도 아니고 그 집안 가족들을 불편하게 하는 일이니 가지 말도록 해라."

그럴 때마다 창호는 꾀를 내고는 했어요.

"할아버지가 나를 못 보았느냐고 물으시거든 아침에 고모 댁에 갔다고 대답해 주세요."

창호는 동네 사람 누군가에게 먼저 그렇게 말한 뒤에 할아버지 반응을 살폈어요.

"고얀놈, 거긴 왜 자꾸 가는 거야!"

할아버지가 화를 내면 고모 집에 가는 것을 포기하고, 할아버지가 화를 내지 않으면 고모 집으로 한걸음에 달려가고는 했어요.

이런 일도 있었어요. 하루는 글공부를 같이 하던 이암이라는 친구가 숙제를 해 오지 않았어요. 훈장은 숙제를 해 오지 않으면 몹시 화를 내며 매를 때렸어요. 창호는 아이가 어른에게 매를 맞거나 혼나는 것을 보면 몹시 마음이 아팠어요. 특히 좋아하는 친구가 매를 맞는 모습을 보고 싶지 않았어요.

"그럼 이렇게 하면 되겠다."

창호는 꾀 한 가지를 생각해 냈어요. 이암을 돗자리에 벌렁 눕게 한 뒤에 돌돌 말았어요. 그러고는 글방 한쪽 구석에 세워 두었어요.

"이렇게 하면 오늘 무엇을 공부했는지 알 수 있게 되고, 선생님께 매를 맞지 않아도 되니 일석이조야."

창호는 훈장이 들어오자 시치미를 딱 떼고 말했어요.

"이암이 많이 아파서 오지 못했습니다."

어른이 된 뒤, 안창호의 글이 흥사단 단보에 실렸어요.

'여러분의 어렸을 적 생각을 돌이켜 보십시오. 어른들은 어린아이를 마치 장난감처럼 여겼습니다. 웃고 우는 꼴을 보기 위하여 일부러 울려도 보고 웃겨도 봅니다. 또, 호랑이가 온다느니 귀신이 나온다느니 하는 거짓말을 하여 아이들을 놀라게도 해 봅니다. 집안의 할아버지나 아버지는 호령으로 꾸짖거나 매를 들어 혼을 내곤 하여, 아이들은 한때도 마음을 펴지 못합니다. 그러니, 매 맞을 생각에 어른 앞에서 떨기 일쑤입니다. 나는 어려서 산에 가 놀기를 좋아하였는데, 정신없이 놀다가 되돌아올 때쯤엔 회초리 맞을 생각에 겁부터 먹었습니다. 그뿐만이 아닙니다. 걸핏하면 잘못했다고 내쫓곤 합니다. 집에서 쫓겨나 밖에서 빙빙 도는 꼴은 참으로 기가 막혀 볼 수가 없습니다. 이처럼 강보에 싸여서부터 무서움에 떨다가 가정을 벗어나 학교에 가게 되면 학교 훈장이라는 사람이 또 호랑이 노릇을 합니다. 아이가 학교에 가고 싶어 가는 것이 아니라, 부모가 가라니까 마지못해서 가는 것이외다.'

안창호는 아이의 인격을 무시한 가정교육을 버리는 것이 나라의 미래를 위해서 해야 할 가장 중요한 일이라고 했습니다.

안창호가 열여섯 살 때, 동학혁명이 일어났고, 그 혁명의 소용돌이는 그 이듬해 청일전쟁으로 번졌어요. 전쟁을 지켜보던 여러 나라는 청나라가 이길 것으로 생각했어요. 유럽의 나라들은 인구도 많고 자원도 풍부한 청나라를 '잠자는 사자'라고 부르며 두려워하고 있었어요.

그런데 청나라가 일본에 패하자 서양의 강한 나라들은 청나라를 업신여기기 시작했어요. 영국과 프랑스, 러시아, 일본, 독일이 중국 땅을 차지하려고 혈안이 되면서 청나라는 식민지나 다름없는 신세가 되고 말았어요.

청일전쟁은 청나라와 일본 간의 전쟁임에도 우리나라를 무대로 하여 벌어진 전쟁

이었어요. 그러다 보니 삼천리강산이 성한 곳이 없을 지경으로 짓밟히고 말았어요. 이 처참한 광경을 본 안창호는 '왜 우리 땅이 전쟁터가 돼야 하나?' 깊은 의문을 품었어요.

"만약 우리 민족에게 힘이 있었더라도 다른 나라가 함부로 침입할 수 있었을까?"

결론은 힘이 없다는 것이었어요.

"나라가 힘을 얻으려면 모두가 배우고 익혀야 한다. 나부터 배우는 일에 게으름을 피워서는 안 되겠구나."

그렇게 결심한 안창호는 삼촌에게 10원만 달라고 부탁했어요.

"서울 구경을 하고 싶으니 돈을 주십시오. 돌아와서 할아버지께 꾸중을 듣지 않도록 잘 말씀드려 주세요."

안창호는 삼촌이 준 10원을 갖고 서울로 향했어요. 그때 나이 열여덟 살이었어요. 하지만 서울에 도착해서 며칠 지나지 않아 돈이 바닥나고 말았어요.

"공부하기 위해 서울에 왔는데 돈 한 푼 없는 거지가 되었으니 어떻게 하면 좋단 말인가."

안창호는 큰 걱정에 휩싸였어요. 그렇다고 그대로 집으로 돌아갈 수는 없었어요.

"서울에서 버틸 방법을 어떻게든 찾아내야 한다."

그러던 어느 날, 정동의 한 골목에서 아주 반가운 글을 읽었어요.

'배우고 싶은 사람은 우리 학교로 오십시오. 거저 먹고 자며 공부를 할 수 있습니다. 학비는 교회에서 댑니다.'

"됐다! 드디어 길을 찾았다! 나는 저 학교에서 공부하겠다!"

그 학교가 바로 미국인 선교사 언더우드가 운영하는 구세학당이었어요.

학교에 입학한 안창호는 영어와 산수, 지리, 과학을 배우기 시작했어요. 새로운 학문을 배우고 싶어 했던 안창호의 꿈이 비로소 이뤄진 것이지요.

구세학당에서 기독교인이 된 안창호는 사랑과 진리에 대한 숭고한 정신을 배웠어요. 사실 안창호의 인격과 사상은 기독

언더우드는 미국 기독교 선교사로서 1884년(고종 21) 7월 조선 최초의 장로교 선교사로 선정되었습니다. 조선에 들어와 1887년에 한국 최초의 교회인 '새문안교회'를 세우고 한국어 문법책을 영어로 집필했습니다. 성서 번역 위원회 초대 위원장·대한 기독교서회 회장·한국 기독교 교육회 회장 등으로 일하는 한편 연세대학교의 전신 연희전문학교를 창설하였고, 교회 연합 운동을 지도하는 등 우리나라 종교·문화·언어·정치·사회 등 여러 분야에 많은 공적을 남겼습니다.

구세학당은 언더우드에 의해 설립된 장로교 계통 학교로 처음에는 언더우드에 의해 보육원을 겸한 남자 학교로 운영되다가 '예수교학당', '민노아학당'을 거쳐 1901년부터 '구세학당'으로 호칭하였습니다. 그 후 경신학교로 발전하였습니다.

교의 가르침과 유난히 애국심이 강했던 교인들의 영향을 많이 받았습니다.

"이 나라를 어떻게 일깨우고 일본 손아귀에서 벗어날 수 있을지를 항상 생각해야 합니다. 그런 생각조차 하지 않는다면 이 나라는 영원히 일본으로부터 독립할 수가 없게 됩니다."

"수단과 방법을 가리지 않고 일본 손아귀에서 벗어나려고 노력하면 반드시 독립하는 날이 올 것입니다."

"청나라까지 손아귀에 쥔 일본과 맞서려면 의욕과 용기만으로는 불가능합니다. 그들이 무시하지 못하도록 학문을 쌓아서 맞서야 합니다."

구세학당에서 학문을 마친 안창호는 잠깐 고향으로 내려갔어요.

"너도 이제 결혼할 나이가 됐으니 장가를 가도록 해라. 네 색시가 될 처녀는 너를 가르쳤던 서당 훈장의 딸인데 이름은 혜련이라고 한다."

그 말을 들은 안창호는 곧바로 훈장을 찾아갔어요.

"선생님, 저는 따님과 혼인할 수가 없습니다."

"왜 못 한단 말이냐?"

"저는 앞으로 공부를 더 해야 할 몸입니다. 그런데 따님은 새로운 학문과는 거리가 너무 멉니다. 저는 새로운 학문을 배운 처녀와 혼인하고 싶습니다."

안창호가 그렇게 말하자 훈장은 난감한 표정을 지었어요.

"내 딸은 벌써 마음을 굳히고 자네를 기다리고 있는데 이제 와서 새로운 학문을 모르니 혼인하지 않겠다고 하면 우리 딸은 어떻게 되겠나? 그럼 이렇게 하도록 하세. 우리 딸도 새 학문을 배우면 될 것 아닌가? 자네가 서울로 데려가 우리 딸이 새 학문을 배울 수 있도록 해 주게."

그건 바로 안창호가 바라던 일이었어요. 안창호는 머리를 써서 장차 아내가 될 혜련이 새 학문을 배울 수 있도록 했던 것이지요.

약혼녀와 여동생을 데리고 서울로 올라온 안창호는 구세학당에서 학생들을 가르치기 시작했어요. 약혼녀와 여동생은 정신여학교에 들어가 공부하게 했어요.

구세학당에서 안창호에게 교사 자리를 준 것은 장차 교회의 좋은 일꾼으로 키우려는 목적이었어요. 그러나 안창호는 교회 일보다는 나라를 위해서 힘을 쏟겠다는 생각이 더 강했어요.

스무 살이 되던 해, 안창호는 서재필이 만든 독립협회에 가입했어요. 그리고 그곳에서 자유와 독립 정신을 배웠어요. 그러고 1898년 스물한 살이 되던 해에는 독립협회 주최로 열린 만민 공동회에서 구국의 열변을 토했어요.

그날 연설이 끝난 뒤, 안창호 이름은 방방곡곡으로 퍼져 나갔어요. 안창호의 이름을 모르는 사람이 없을 정도였으니까요. 심지어는 안창호를 두고 영웅이라는 말도 떠돌았어요.

그러나 독립협회는 오래지 않아 정부의 탄압으로 해산하고 말았어요. 정부의 어두운 부분을 너무 직설적으로 보도했던 탓이었어요.

안창호는 고향으로 돌아와 점진학교를 세워 젊은이들을 가르쳤어요. 안창호는 버려진 땅을 일구기도 하고, 또 강변의 늪을 메워 농토로 바꾸는 일에도 앞장섰어요. 그러나 온 국민의 실력을 기르는 일은 시골의 한 학교 운영만으로는 너무 약하다는 생각을 떨칠 수가 없었어요.

"안 되겠다. 우물 안 개구리는 세상이 얼마나 넓은지 모른다. 좀 더 큰 나라로 가서 공부해야겠다."

안창호는 미국으로 유학을 떠나기로 했어요. 그렇지만 여비를 마련하는 일과 약혼녀가 가장 큰 문제였어요.

간신히 안창호의 여비는 학교 도움으로 해결되었지만, 약혼녀 문제는 해결이

1898년 3월에 처음 열린 만민 공동회에는 서울 시민 1만여 명이 참여하였습니다. 독립협회의 민중 계몽을 위한 노력이 전개되던 무렵에도 러시아의 침략적 간섭은 여전하였고, 열강의 이권 침탈은 더욱 심해졌습니다. 독립협회는 만민 공동회를 열어 종로 광장에서 러시아의 침략 정책을 비판하고, 대한제국의 자주독립권을 지키자는 내용의 결의안을 채택하여 이를 정부에 건의했습니다. 이후에도 독립협회는 수시로 만민 공동회를 열고, 러시아가 조선의 땅을 빌려 달라는 요구 등에 대항하여 국권과 국익을 수호하려는 자주 국권 운동을 전개하였습니다.

쉽지 않았어요. 안창호는 약혼녀를 찾아가 이렇게 말했다.

"나는 미국에 가서 십 년 정도 공부하고 올 것이오. 십 년을 기다려 달라는 말은 못 하겠소."

그 말을 전해 들은 약혼녀 집안에서는 펄쩍 뛰었어요.

"말도 안 되는 소리! 십 년을 기다리라니! 절대 안 된다!"

안창호가 끝내 고집을 꺾지 않자 약혼녀 부모는 서울의 밀러 목사와 언더우드를 찾아가 함께 떠날 수 있도록 도와달라고 청을 했어요.

먼 훗날, 안창호의 부인이 된 이혜련은 신문에 이런 글을 썼어요.

'저는 그때 객지인 서울에서 3년 동안 공부를 하다가 고향에 내려와 있었습니다. 그런데 그분(안창호)이 찾아와 미국으로 유학을 떠나겠다고 했습니다. 언젠가 함께 교회에 가는데, 머리에 점심을 이고 가던 마을 여인이 그분을 보느라 고개를 돌리다 점심을 쏟았을 정도로 그분은 인기가 좋았습니다. 그분은 신비스러운 남자였습니다. 그래서 나는 결혼을 해서 그분을 따라 이역만리 미국으로 떠났습니다.'

미국에 살면서 영어에 능숙하지 못했던 안창호는 기초 공부부터 배워야 했어요. 열 살 안팎의 어린아이들 틈바구니에 끼어 공부를 하는 일은 절대 쉽지 않았어요. 그런데도 미국 땅에서 겨레를 위해 할 수 있는 일이 무엇일까, 늘 생각했어요.

어느 날 안창호가 샌프란시스코 거리를 걷고 있는데 한국의 장사꾼 둘이 욕설을 퍼부으며 싸우고 있었어요. 이 광경을 본 안창호는 몹시 서글펐어요.

"나라를 빼앗긴 것도 서러운데, 이역만리 타향에서 동포끼리 저렇게 죽기 살기로 싸우다니……."

안창호는 싸움을 말리면서, 교포들을 단결시키는 데 앞장서리라 다짐했어요.

"무식한 백성은 절대 강한 힘을 이길 수 없다. 배움보다 더 강한 힘은 없다."

그 뒤 안창호는 야학을 세워 교포들을 교육하고 《공립신보》를 만들어 교포들의 권익 보호와 생활을 향상하기 위해 애를 썼어요. 안창호는 무엇보다 교포들에게 민족의 긍지를 심어 주려고 노력했어요. 사는 형편이 초라한 노동자 신세인 그들에게 민족적 자부심을 심어 주는 것이 가장 중요하다고 여겼기 때문이지요.

시간이 갈수록 교포들은 안창호의 가르침에 귀 기울였고 배운 바를 실천하며 살아가기 시작했어요.

1905년 을사늑약이 맺어졌어요. 을사늑약이 맺어졌다는 소식을 전해 들은 안창호는 크게 충격을 받았어요.

"나라가 송두리째 일본 손아귀로 들어가고 말았구나!"

1906년 안창호는 기울어진 나라의 운명을 바로잡기 위해 조선으로 돌아왔어요. 그리고 이듬해에 신채호 등과 함께 비밀 결사인 신민회를 만들었어요. 그러면서 대한매일신보를 통해 민중 운동을 이끌었어요.

신민회는 첫째, 국민에게 민족 사상과 독립사상을 일깨우고 둘째, 동지들을 모아 국민 운동의 힘을 쌓으며 셋째, 교육 기관을 세워 청소년을 교육하고 넷째, 여러 상공업 기관을 만들어 국민의 재산을 늘린다는 목적으로 세워졌어요.

안창호는 신민회 목적을 실현하기 위해서 평양에 대성학교를 세웠어요. 또한 정주에 오산학교, 평양과 대구에 태극서관 출판사를 설립하고, 평양에 도자기 회사를 세워 민족 산업 육성에 힘을 쏟았어요.

1909년 안중근의 이토 히로부미 암살 사건이 터졌어요. 그로 인해 안창호는 신민회 간부들과 함께 개성 헌병대로 끌려가 3개월간 옥살이를 해야 했어요. 안중근의 이토 히로부미 암살 사건과 관련이 있다는 혐의 때문이었어요.

1910년에 우리나라는 강제로 일본에 의해 합방되고 말았어요. 일본 경찰과 헌

대성학교는 안창호가 1908년 평양에 세운 학교로 민족정신을 가르치는 데 힘을 쏟았습니다. 1912년에 19명을 제1회 졸업생으로 내보낸 뒤, 일본의 탄압으로 문을 닫고 말았습니다.

병들은 독립지사들을 더 심하게 감시했고, 당연히 안창호도 감시의 눈을 피할 수가 없었어요.

"이건 감옥이 따로 없구나. 이렇게 감시를 받으면서 할 수 있는 일은 한 가지도 없다. 이곳을 떠나야 하겠다."

안창호는 망명의 길을 택했어요.

"미국에 가서 보다 새로운 활동으로 힘을 기를 것이다!"

안창호는 시베리아를 거쳐 미국으로 망명했어요. 그런 뒤에 1913년에 샌프란시스코에서 흥사단을 창설했어요.

흥사단은 조국의 앞날을 짊어질 튼튼한 기수를 길러내기 위한 안창호의 굳은 신념이 담긴 단체였어요.

1919년 국내에서 3·1운동이 일어나자 중국 상하이에서는 임시정부 수립의 움직임이 일었어요. 안창호는 상하이로 옮겨 가 이 일에 적극적으로 협력하여 마침내 '대한민국 임시정부'를 수립하여 세계만방에 선포하는 데 앞장섰어요.

한때, 안창호는 임시정부의 내무총장, 국무총리 서리 등을 지냈어요. 김구와 함께 한국 독립당을 만들어 무장 투쟁을 지시하기도 했고요. 1929년에는 민중 계몽 단체인 동우회를 만들었어요.

그러던 중 1932년 윤봉길의 홍커우 공원 폭탄 투척 사건이 터졌어요. 윤봉길의 폭탄 투척 사건이 있자 일본 경찰과 헌병들은 조선인이면 모조리 체포하려고 상하이 시내에 삼엄한 경비를 폈어요. 한국 독립당의 주요 인물이었던 안창호도 체포되고 말았어요.

안창호가 체포된 것은 아주 작은 약속

> 흥사단은 안창호가 미국 샌프란시스코에서 만든 민족 부흥 운동 단체입니다. 《흥사단보》를 발행하기도 하면서 재미 교포들의 의식을 일깨우는 데 앞장섰습니다.
>
> 동우회는 그 당시 최고 지식인인 변호사·목사·의사·교사 등 82명의 회원으로 구성되었습니다. 대부분 민족주의자였고, 기독교인이 많았습니다. 동우회는 민중들에게 독립운동을 일깨웠습니다. 동우회의 활동을 감시하던 일본 경찰은 1938년 3월에 안창호를 비롯한 주요 인물 181명을 검거했습니다. 그 사건을 동우회 사건이라고 합니다.

을사조약 체결 이후 기념 촬영하는
한일 수뇌들 모습

일본에 나라를 넘긴 을사 5적 (왼쪽부터) 이지용, 이근택, 이완용, 권중현, 박제순

한 가지 때문이었어요. 바로 전날 안창호는 이만영이란 소년에게 소년단 기부금 2원을 주기로 약속했어요. 안창호는 약속을 어기지 않으려고 위험을 무릅쓰고 소년 집을 방문하였다가 결국 체포되고 말았어요.

모진 고문이 시작되었고, 안창호는 2년 6개월 동안 옥살이를 해야 했어요.

안창호를 심문하던 일본 검사가 물었어요.

"또 독립운동을 하겠는가?"

"내게는 밥을 먹는 것도 민족 운동이요, 잠을 자는 것도 민족 운동이다. 나더러 민족의 독립을 포기하라는 것은 죽으라는 것과 같다! 죽어서라도 혼이 있으면 나는 민족 운동을 할 것이다."

안창호는 꿋꿋하게 대답했어요. 모진 고문에 시달린 안창호는 간신히 감옥에서 풀려나 평안도 선천으로 갔어요. 고을 사람들은 건강이 엉망이 된 안창호를 따뜻하게 맞이하고 좋은 음식으로 대접했어요.

새벽 무렵 안창호는 울면서 말했어요.

"저는 우리 민족의 죄인이올시다. 이 민족이 이렇게 저를 위해 주는데, 저는 이 민족을 위해 아무것도 한 일이 없습니다. 저는 죄인이올시다."

1938년 안창호는 동우회 사건으로 또다시 체포되어 서대문형무소에 갇혔어요. 감옥살이를 견디기에는 안창호의 몸이 너무 쇠약해 있었어요. 병이 심해지자 임시로 풀려 나와 병원에 입원했어요.

어느 날 동지 한 명이 문병차 들렀어요.

"낙심하지 마십시오. 머지않아 틀림없이 독립이 될 것입니다. 민족의 꽃봉오리인 그대 같은 투사들이 낙심하면 우리 민족은 다 죽은 것이나 다를 바 없소."

병석에 누워 있던 안창호는 문병 온 동지의 손을 붙들고 말했어요.

"선생님, 고맙습니다. 절대로 낙심하지 않겠습니다. 저 하나 죽는 것은 두렵지 않으나 민족이 죽어서는 절대 안 될 일입니다."

이렇듯 안창호는 죽음을 눈앞에 두고도 민족의 독립만을 염원했어요. 1938년 3월 10일 밤 도산 안창호는 예순한 살로 세상을 떠나고 말았어요. 안창호는 떠났지만 그가 만든 조직과 계획한 사업들은 광복의 그 날까지 쉼 없이 움직였어요.

실력을 길러 나라를 되찾아야 한다!

을사늑약 이후 애국지사들은 국권을 지키려는 방법으로 두 가지 운동을 펼쳤습니다.

"총을 들고 싸워서 일본 놈들을 몰아내야 한다!"

나라 곳곳에서 의병들이 일어났고, 의병들은 목숨을 내놓고 일본군과 맞서 싸웠습니다.

또 한편에서는 스스로 힘을 키워 국권을 회복해야 한다는 애국 계몽 운동이 일어났습니다.

"우리도 강자가 되어야만 일본을 이길 수 있다!"

"강자가 되려면 실력을 길러야 하고, 실력을 기르려면 싸움만으로는 어렵다. 교육과 산업을 발전시켜야 한다."

"의병 활동은 애꿎은 목숨을 너무 많이 없애고, 나라에 도리어 해를 끼칠 수 있다."

애국 계몽 운동이 활발하게 일어선 것은 일본이 의병을 뿌리 뽑는다며 민간 탄압을 강화하고 전국을 공포 분위기로 몰아넣으면서 식민지 지배의 기초를 다져 가고 있었기 때문이었습니다.

애국 계몽 운동가들은 자라는 어린이와 청소년들이 학문을 배우고 익혀야 한다고 판단했습니다. 그래서 앞장서서 학교를 세우고, 책을 발행하고, 한글과 역사를 가르쳐서 나라와 민족에 대한 관심을 일깨워주려고 했습니다. 전국에 무려 4,000개 가까운 학교가 세워졌습니다.

하지만 일제는 교사들이 제복을 입고 칼을 차고 수업을 하도록 하는 등, 식민지 교육을 강화하며 일본 문화 동화 교육에 집중했습니다. 또 한편으로는 조선의 역사를 정리하는 작업을 서둘렀습니다.

"조선인들이 민족혼을 되살리려는 시도는 역사 교육에서 시작되고 있으니 우리한테 유리하도록 조선의 역사를 뿌리 뽑아야 한다!"

경복궁 대부분을 헐고 그 앞에 조선총독부 청사를 짓고, 창덕궁을 창경원으로 바꾸고, 경희궁을 헐어 경성중학교를 세우고, 사도세자 사당인 경모궁 자리에는 경성제국대학 의학부를 지었습니다. 모두 대한제국 황실의 뿌리인 조선 왕조를 훼손시키려는 목적이었습니다.

뿐만 아니라 남산에 신궁을 설치하고, 전국에 1,141개의 신사를 세워 신사참배(일본의 신토신앙을 바탕으로 만든 종교시설 신사에 참배하는 종교 의식)를 강요하고, 일본 황제의 궁성을 향해 절을 하도록 강요하고, 우리말 사용을 금지하고, 강제로 일본식 성과 이름을 갖도록 하는 등 조선 민족 말살에 초점을 두는 정책을 끊임없이 펼쳤습니다.

그러나 나라 곳곳에서 비밀 독립운동 단체들이 우후죽순처럼 늘어났습니다. 그중에서도 신민회 활동이 가장 활

김좌진은 일제 강점기의 군인이자 독립운동가입니다. 청산리 전투를 승리로 이끈 지휘관이었으며, 김동삼, 오동진 등과 3대 맹장으로 불립니다. 무장 독립운동의 선봉에서 활동하였으며 국가의 미래를 위한 교육사업도 활발히 펼쳤습니다.

발했습니다. 신민회는 1907년에 국내에서 결성된 항일 비밀 결사로 안창호, 김구, 이회영, 이동녕, 이승훈 등이 모여서 만든 단체입니다. 신민회는 낡은 관습을 없애고, 서양식 교육을 하고, 모든 조선인이 글을 읽을 수 있도록 하기 위해 노력했습니다. 신민회 회원들에 의해서 설립된 학교는 수십 개에서 100여 개에 이르렀습니다.

대한 광복회도 활발하게 독립운동에 앞장섰습니다. 1915년 대구에서 조직된 대한 광복회는 의병 활동을 하던 사람들이 중심이 되어 만들어졌습니다.

"나라를 되찾으려면 독립군 부대가 필요하다! 군대 없는 나라는 나라가 아니다!"

총사령관인 박상진과 부사령관인 김좌진은 전국적으로 조직을 만들었습니다.

"무기를 사고, 군사들을 훈련하려면 돈이 필요하다. 돈을 벌 수 있는 일을 해야 한다."

대한 광복회는 잡화점이나 여관 등을 운영하는 한편 일제가 운영하는 금광을 습격해서 금을 빼앗기도 하고, 세금을 실어 옮기는 마차를 털기도 했습니다. 때로는 일제 앞잡이 노릇을 하는 부자의 집을 털거나 힘이 되어줄 만한 사람을 찾아가 군자금을 받아내기도 했습니다. 그 돈으로 무기를 사고, 청년들을 만주로 보내 체계적인 군사 훈련을 받도록 했습니다.

김좌진이 이끈 청산리 전투 직후의 사진입니다. 조선 독립군 연합부대의 전투 병력은 최소 3,000명 이상 최대 4,700명 정도로 추산되며, 비전투원 1천여 명은 물자 수송, 보급, 자금과 무기, 탄약, 식량 조달 등의 업무를 맡았습니다.

조선총독부는 경찰과 밀정을 풀어 대한 광복회 사람들을 추적했습니다. 결국 1918년 대한 광복회 총사령관 박상진과 여러 명의 인사가 붙잡혀 사형을 당하고, 가까스로 탈출에 성공한 우재룡, 김상옥 등은 만주로 떠났습니다.

"우리는 여기 만주에서 독립군이 되어 독립운동을 계속할 것이다!"

일본 경찰과 밀정의 눈을 피해 가까스로 두만강을 건너 만주로 떠난 대한 광복회 사람들은 더 강한 군대를 만들기 위해 애를 썼습니다.

만주 땅은 독립운동을 벌이기에 가장 좋은 지역이었습니다. 조선 땅과 가까워서 군대를 이끌고 나라로 들어가기도 쉽고, 땅이 넓어서 많은 사람이 모여 살기에 안성맞춤이었습니다.

1911년, 신흥강습소라는 민족 학교가 만주 삼원포라는 곳에 세워졌고, 그곳에서는 중등 교육 과정과 장교를 길러내는 교육을 했습니다. 삼원포에 독립군 양성 학교가 생겼다는 소문이 퍼지자 독립운동에 참여하려는 청년들이 물밀듯이 몰려들었습니다. 그 학교는 나중에 신흥무관학교로 이름을 바꾸었고, 십 년 동안 무려 2,000명의 독립군을 길러냈습니다.

지금의 연길 부근인 북간도 지역에서는 서전서숙, 명동학교 등이 세워졌습니다. 그곳에서 공부하

조선총독부는 일본 황제의 직속으로 일본 내각의 통제를 받지 않고 한반도 내에서 행정권·사법권·군사권 등의 모든 권한을 가졌습니다.

며 독립운동을 하기 위해 멀리 조선이나 연해주에서 조선 학생들이 몰려왔습니다.

조선인들은 중국과 러시아, 미국, 하와이, 멕시코까지 나아가 저마다의 방식으로 독립을 위해 노력했습니다. 러시아 연해주 블라디보스토크에서는 안창호, 신채호, 이상설 등 독립운동가들이 모여 신한촌이라는 마을을 만들어 교육에 앞장서는 한편, 신문사를 세워 독립운동을 해나갔습니다.

미국 샌프란시스코의 교민들은 대한인 국민회라는 독립운동 단체를 만들어 멕시코, 쿠바에까지 지부를 두었습니다. 또한 군사 학교를 설립해서 사관생도를 양성해 체계적인 교육을 받은 장교를 배출했습니다. 안창호는 흥사단을 조직해서 독립운동에 앞장서기도 했습니다.

당시 상하이에는 한국에서 망명한 독립운동가와 일본에서 건너온 한국인 유학생들이 많았는데 대한제국 군대의 무관이었던 신규식은 이들을 규합, 이듬해 7월 동제사라는 단체를 조직했습니다.

동제사는 상하이 거류 한인의 상조 기관처럼 활동했으나 실제 목적은 독립운동이었습니다. 동제사는 상하이에서 조직된 최초의 한국인 독립운동 단체로서, 1919년 상하이에서 대한민국 임시정부가 수립되기 전까지 한국인의 중심 조직으로 그 역할을 다했을 뿐만 아니라 3·1운동이 일어나는 데 결정적인 역할을 했습니다.

3월 1일에 울려 퍼진 독립선언문과
손병희

    손병희는 1861년에 충청도 청원에서 고을 관아의 아전이었던 손두홍의 아들로 태어났어요. 손병희의 어릴 적 이름은 응구였어요. 어머니는 손두홍의 첩이었어요.
    그 무렵에 첩의 자식은 아무리 똑똑해도 벼슬길에 못 나갈 뿐 아니라 천민과 다를 바가 없었어요. 그러다 보니 응구는 불만이 많았고, 고집도 유난히 셌어요. 뭐든지 트집을 잡고, 조금만 못마땅한 일이 있으면 제멋대로 화를 내고는 했어요.
    "도대체 저 애는 뭘 믿고 저렇게 천둥벌거숭이 같은지 몰라."
    "도무지 버릇을 고칠 방법이 없는 애야."
    사람들은 모두 응구를 미워했어요. 그러나 세상에 단 한 사람, 어머니만은 응구에 대한 믿음과 사랑을 한번도 버린 적이 없었어요.
    "우리 응구는 온 세상을 밝게 비추는 태양 같은 인물이 될 것이다."
    어머니는 응구를 가졌을 때, 해가 떨어져서 품속으로 들어오는 꿈을 꾸었거든요.
    12살이 되던 해, 고을의 풍헌(면의 일을 맡아 하는 자리)을 지내던 이복형이 응구에게 관아에 가서 40냥의 세금을 내고 오라는 심부름을 시켰어요.

겨울이라서 몹시 춥고 눈이 펄펄 날리는 날씨였어요. 터벅터벅 산길을 오르던 응구는 사람의 신음 소리를 들었어요.

"아이고, 아이고, 끙끙끙……."

소리 나는 쪽으로 가 보았더니 한 노인이 쓰러져 있었어요.

"어서 등에 업히십시오. 이렇게 추운데 산길에 쓰러져 있으면 사나운 짐승 밥이 되고 말 것입니다."

응구는 노인을 업고 의원 집으로 뛰었어요. 다행히 노인은 치료를 받고 목숨을 건졌어요. 그런데 치료비가 문제였어요.

응구는 형의 심부름을 하기 위해 가지고 있던 40냥을 치료비로 내놓았어요. 그 일로 응구는 형에게 종아리를 사정없이 맞아야 했어요.

한번은 옥에 갇힌 친구 아버지의 석방을 돕기 위해 친구에게 자기 집의 돈이 어디 있는지 알려줘 그 돈으로 친구 아버지를 풀려나게 했어요.

이런 일도 있었어요. 17살이 되던 해, 응구는 충청도 괴산 땅을 지나가다 참혹한 광경을 보았어요. 수신사라는 벼슬아치의 말꼬리에 한 남자가 피투성이가 된 채 질질 끌려가고 있었어요. 응구는 그 모습을 보고 대뜸 달려가 소리를 질렀어요.

"이보시오, 수신사 양반! 너무 지나친 것 아니오!"

"네 놈은 누구냐!"

"나는 아무 힘도 없는 백성이오. 양반이면 양반답게 굴어야지, 개나 돼지도 하지 않는 짓을 하면서 양반이라고 할 수 있겠소? 옛말에 백성이 나라의 근본이요, 주인이라 했거늘 나라의 주인인 백성을 이렇게 개 끌고 가듯 해서야 되겠습니까!"

응구는 그렇게 말하고는 남자가 매달려 있는 말꼬리를 칼로 싹둑 잘라 버렸어요. 그러고는 말의 엉덩이를 힘껏 발로 걷어찼어요.

"히이잉!"

놀란 말은 피를 흘리며 미친 듯이 달리기 시작했어요.

"사람 살려! 상놈이 사람 잡네!"

수신사는 말 등에 매달려 비명을 질러 댔어요.

"거참 속이 다 시원하다!"

그 자리에 있던 사람들은 모두 웅구의 용기를 칭찬했어요.

20살 때, 음성 땅에 전염병이 돌았어요. 웅구는 우연히 음성 땅을 지나게 되었어요. 그런데 한 집안의 가족 전부가 죽었는데 아무도 시체를 치울 엄두를 내지 못하고 있었어요. 웅구는 전염병이 무서워서 얼씬도 하지 않는 동네 사람들 대신 그 가족을 땅에 묻어 주었어요.

그렇게 남이 싫어하고 마다하는 일까지 앞장서서 해냈던 웅구였지만 청년 시절에는 어두운 생활의 연속이었어요. 밤낮으로 짚신을 삼아 장에 내다 파는 것이 웅구의 직업이었어요.

짚신을 팔기 위해 충청도의 논산·괴산·음성 등을 오가면서 웅구는 주먹을 쓰는 건달들과 가깝게 지냈어요. 힘이 세고 머리도 영리했던 웅구는 주먹패들의 두목이 되었어요.

웅구는 건달과 어울려 양반들을 혼내 주고 돈을 뜯어낸 뒤, 그 돈을 모두 술 마시는 데 써 버리고는 했어요.

손천민은 웅구의 맏조카였어요. 손천민은 청주 관방(벼슬아치가 숙직하는 방)에 묵으면서 남몰래 동학을 믿으며 뜻맞는 동지들과 자주 어울렸어요.

어느 날, 손천민이 웅구를 찾아왔어요.

"동학은 높은 사람이나 낮은 사람의 구별도 없고, 양반·상놈의 차이도 없는 종교입니다. 삼촌은 지금 마음의 병을 스스로 키워 가고 있어요. 삼촌 마음의 병을 동학으로 고쳐 보세요."

건달들과 어울려 사는 삶에서 벗어나고 싶어 했던 웅구는 손천민의 말에 귀가 솔깃했어요. 손천민을 몇 번 더 만난 뒤, 웅구는 다른 사람들이 눈을 의심할 만큼 변했어요. 동학교도가 되어 스스로 이름을 병희로 바꾸고, 주먹패들과 손을 끊었어요.

"사람은 모두 하늘처럼 귀하다!"

손병희는 쉬지 않고 가난하고 억눌려 살아온 사람들을 찾아다니며 동학의 교리를 전했어요.

그 무렵 동학의 힘이 점점 강해지자 나라에서는 동학의 우두머리인 최시형을 잡으라는 명령을 내렸어요. 그러나 최시형은 동에 번쩍, 서에 번쩍 나타났다 사라질 뿐 좀처럼 잡히지를 않았어요. 손병희가 최시형을 만난 것은 입도 3년 만이었어요.

"선생님 밑에서 일하게 해 주십시오."

"나를 따라다니는 일은 몹시 힘든 일이다. 정 하고 싶다면 뜻대로 하라."

최시형은 손병희의 부탁을 들어주었어요. 그런데 최시형은 어쩐 일이지 손병희를 몹시 힘들게 했어요. 힘든 일이 있으면 무조건 손병희에게 시켰으니까요. 다른 사람이 해야 할 일도 손병희가 하도록 했어요.

하루는 멀쩡한 솥을 뜯어서 다시 걸라고 했어요. 그런데 손병희가 솥을 걸고 나자 벼락같이 화를 냈어요.

"밥 짓는 솥을 저렇게 엉성하게 놓아서야 밥이 제대로 되겠느냐! 다시 하도록 해라!"

겨울이었고, 깊은 산골짜기라서 몹시 추웠어요. 손병희는 솥을 뜯고, 얼어붙은 땅을 파서 다시 솥을 걸었어요.

"솥을 이렇게 깊게 걸면 되느냐?"

최시형은 다시 솥을 걸라고 했어요. 이번에는 좀 전보다 조금 얕게 걸었지만 마찬가지였어요.

"솥을 바르게 걸 줄도 모르는가? 다시 해라!"

최시형은 동학의 제2대 교주로, 동학에 들어가 최제우의 가르침을 받았습니다. 최제우가 처형되자 감시를 피해 전국을 돌며 포교에 힘썼습니다. 그 뒤, 두 차례에 걸쳐 종교의 자유와 억울하게 죽은 최제우의 한을 풀어 줄 것을 호소하는 운동을 펼쳤습니다. 1894년 고부에서 전봉준이 농민과 동학교도를 모아 동학혁명을 일으키자, 동학교도들에게 모두 혁명에 참여할 것을 명하고 함께 싸우다가 붙잡혀 처형당했습니다.

그렇게 하기를 수없이 반복했어요. 이미 날이 어두워지고 손과 발은 꽁꽁 얼대로 얼었는데도 손병희는 아무 이유도 묻지 않고 솥을 뜯고, 다시 걷기를 되풀이했어요.

한참 후에서야 최시형이 고개를 끄덕였어요.

"됐다. 그 정도 끈기라면 나를 따라다니며 어떤 어려움도 잘 견뎌낼 수 있겠다."

최시형은 비로소 손병희를 수제자(제자 중에서 실력이 뛰어난 제자)로 받아 주었어요.

7~8년의 세월이 흘렀어요. 손병희는 최시형이 가장 신임하는 기둥이 되어 있었어요.

고종 31년(1894), 남쪽의 지도자 전봉준이 동학란을 일으켰어요. 최시형은 손병희를 총지휘관으로 삼고 전봉준을 도와 관군과 싸우게 했어요.

동학 농민군을 이끌고 싸움터로 나간 손병희는 3개월에 걸쳐 27차례나 관군과 싸워 이겼어요.

그러나 11월, 공주에서 최신식 무기로 철통같이 무장한 일본군과 맞서 싸우다가 완전히 패하고 말았어요.

나라에서는 동학을 뿌리 뽑기 위해 동학교도들을 무조건 없애려고 했어요. 죽음을 예감한 최시형은 손병희에게 교주 자리를 넘겨주었어요.

"손병희는 아직 나이는 어리지만 동학의 앞날을 책임지고 이끌어갈 큰 그릇이다."

그렇게 해서 손병희는 동학도의 제3대 교주가 되었어요.

얼마 후 최시형은 체포되어 사형을 받았어요. 최시형의 죽음 이후, 나라에서는 다시금 손병희를 잡으려고 방방곡곡을 뒤졌어요.

"더 큰 일을 하려면 이 나라를 떠나야겠구나. 동학 재건 구상을 위해 중국으로 가자."

1901년, 손병희는 안경 장수로 변장하고 중국 상하이로 망명했어요. 그렇지만 중국 정부는 손병희를 위험인물로 여기고 받아주지 않았어요.

"우리 중국에서는 어떤 소란도 용납하지 않을 것이니 조용히 떠나시오."

　결국 손병희는 다시 일본으로 건너갔어요. 일본에 머물면서 손병희는 많은 것을 깨달았어요.

　"일본은 이미 선진국의 뛰어난 문물을 받아들여 잘 활용하고 있구나. 문화, 과학, 교육, 정치, 모두 조선하고는 비교도 할 수 없을 만큼 앞서 있어. 세상이 이렇게 무섭게 변하는 줄도 모르고 우리는 눈뜬장님처럼 살았구나."

　손병희는 나라의 힘이 강해지려면 선진국의 과학 기술과 문화를 하루빨리 받아들여야 한다고 생각했어요.

　"우리에게 가장 큰 힘은 배움이다. 유능한 젊은이들이 과학 기술과 새로운 문화를 배워서 우리나라에 널리 퍼뜨려야 한다."

손병희는 많은 동학교도가 일본 유학을 할 수 있도록 이끌었어요. 그래서 신학문을 배우도록 했어요.

"세계의 흐름에 뒤지지 않는 새 국민으로 태어나려면 우리의 옛 풍습도 좋은 것은 지키되 고칠 점이 있으면 고쳐야 한다."

손병희는 조선에 머물고 있던 제자 이용구에게 동학의 잔여 세력을 모아서 진보회라는 단체를 만들라는 지령을 내렸어요.

"먼저 긴 머리를 자르고 단발을 하게 해서 생활 개선부터 앞장섭시다!"

손병희의 지시로 만들어진 진보회의 조직은 순식간에 전국적으로 퍼졌고, 하루 동안에 상투를 자른 사람이 자그마치 16만 명이나 되었어요.

"댕기 머리를 자르고 상투 머리를 자른다는 것은 온 국민이 새 마음, 새 몸가짐으로 선진국과 어깨를 나란히 겨루겠다는 대단한 사건이다!"

하지만 진보회는 손병희가 철석같이 믿고 있었던 이용구의 배신으로 실패하고 말았어요. 나라 안에서 진보회를 이끌고 있던 이용구가 친일파들이 만든 '일진회'와 손을 잡았던 것이지요.

"내가 고양이 입에다 생선을 맡겼구나. 돈 몇 푼에 눈이 멀어 나라를 팔아먹는 인간한테 진보회를 맡겼다니, 내가 참으로 어리석었다."

손병희는 몹시 충격을 받았어요.

1906년 12월 1일, 손병희는 동학을 '천도교'라는 새로운 이름으로 바꾸고 조선으로 돌아왔어요. 그러고 나서 이용구 등 친일파들을 몰아내고 약해진 천도교 세력

이용구는 농사를 짓다가 동학에 들어가 손병희 등과 함께 최시형의 제자가 되었습니다. 손병희의 지령으로 진보회를 만들었지만 송병준의 권유로 친일 단체인 일진회와 손을 잡고서 을사늑약에 찬성했습니다. 손병희가 동학의 이름을 천도교로 바꾸자 시천교를 만들어 교주가 되었습니다. 대중 앞에서 한일 병합을 해야 된다고 연설하는 등 매국 행위를 일삼았습니다.

일진회는 송병준이 1904년에 만든 친일 단체입니다. 처음에는 이름을 '유신회'라고 지었으나 곧 일진회로 고치고 이용구가 이끄는 진보회를 흡수하였습니다. 조직이 커지자 일본의 후원을 받으며 본격적으로 친일 활동을 펼쳤습니다. 을사늑약을 찬성하고 이완용과 손잡고 고종이 물러날 것을 강요했으며 한일 병합을 순종에게 강요하며 나라를 팔아먹는 행위를 하다가 1910년 한일 병합으로 해체되었습니다.

을 다시 넓히기 위해 노력했어요.

천도교는 동학 정신을 그대로 살린 채 민족적인 종교로 널리 뻗어 나가기 시작했어요. 하지만 1910년, 일본은 우리나라를 빼앗고 말았어요.

"아, 오천 년 역사를 지닌 우리 조선이 이렇게 사라지는가."

손병희는 울분을 토했어요. 그렇다고 가만히 앉아 있을 수만은 없었어요.

"민족을 일깨우고 교육에 앞장서서 우리 손으로 반드시 독립해야 된다."

손병희는 교육에 많은 힘을 쏟으려고 했지만 돈이 없었어요. 그동안 모아 두었던 돈은 모두 이용구 손에 넘어가고 한 푼도 없었어요.

"성미 제도를 부활시키자."

손병희는 동학란 때 자금을 모으는 데 큰 힘이 되었던 성미 제도를 다시 시작했어요. 그 무렵, 천도교를 믿는 사람은 대부분 가난한 사람들이었기 때문에 큰돈을 낼 수가 없었어요. 그래서 티끌 모아 태산이라는 말처럼 한 숟가락씩의 쌀을 모아 서울에 있는 천도교 본부로 보냈어요. 그렇게 10년 동안 모은 쌀이 엄청나게 많았어요.

손병희는 그 돈으로 보성학교, 동덕여학교를 인수하고, 보성사라는 출판사를 만들어 민족을 계몽시키는 책들을 많이 펴냈어요.

천도교는 어느새 백만 명의 신도를 거느리게 되었어요. 하지만 손병희는 천도교를 순전히 종교로만 발전시키려고 하지 않았어요. 양반과 천민이 없이 모든 인간은 평등하다는 천도교의 교리를 모든 백성에게 일깨우고, 나아가 자주독립을 하는 것에 뜻을 두었어요.

1918년 제1차 세계대전이 끝났어요. 전쟁이 끝난 뒤, 여러 나라가 프랑스 파리에 모여 회담을 했어요. 그 회의에서 미국의 대통령 윌슨은 이렇게 말했어요.

"식민지 문제에 대해서는 각 민족의 운명은 그 민족 스스로가 결정한다!"

> 성미 제도란 밥을 짓기 전에 한 숟가락씩의 쌀을 따로 모아 두는 것을 말합니다. 한 사람이 열흘이면 열 숟가락, 30일이면 30숟가락의 쌀을 모으게 됩니다.

이것을 '민족자결주의'라고 해요.

"이제야 우리가 독립할 수 있는 기회가 온 것 같다. 이번 독립운동은 우리나라 국민 전체가 일어서야 한다! 이 운동이 우리 천도교만의 것이어서는 안 된다!"

손병희는 독립운동을 펼치기 위한 활동을 본격적으로 준비했어요.

마침내 독립운동을 펼 수 있는 기회가 찾아왔어요. 1919년 1월 22일, 고종이 숨을 거두었어요.

"일본 놈들이 우리 황제를 독살했다!"

그런 소문이 떠돌고, 사람들은 일본을 향한 분노로 치를 떨었어요.

"이번이야말로 하늘이 준 기회다!"

손병희를 비롯한 종교계 대표들이 한자리에 모였어요.

"황제 장례가 3월 3일이니 많은 유생들이 서울로 올라올 것입니다. 그러니 3월 1일에 만세 운동을 펴도록 하지요."

기독교 측 대표로는 이승훈, 불교 측에서는 한용운, 천도교 측에서는 손병희 등이 앞장서기로 했어요.

1919년, 2월 27일 밤, 천도교가 운영하는 보성사에서 독립선언문 2만 1,000부를 인쇄했어요. 이튿날 가회동 손병희 집에서 민족 대표 33명이 모여 다음 날 계획된 3·1운동 거사를 재확인했어요. 손병희를 비롯한 민족 대표들은 그 자리에서 3·1운동의 3대 원칙을 정했어요.

민족자결주의는 각 민족은 정치적 운명을 스스로 결정할 권리가 있으며, 다른 민족의 간섭을 받을 수 없다는 주장입니다.

이승훈은 독립운동에 자금을 댄 사업가이자 교육자였습니다. 16세 때 놋쇠 그릇 상점의 점원이 되어 돈을 모아 상점과 공장을 차렸습니다. 청일전쟁과 러일전쟁을 겪으며 그동안 모아 놓은 재산을 모두 잃고, 신민회(일본에 빼앗긴 나라를 찾는 것을 목표로 조직된 항일 비밀 결사)에 들어가 교육 사업을 시작했습니다. 학교를 세워 많은 인재를 길러내고 3·1운동 때 기독교를 대표하여 민족 대표 33인의 한 사람으로 참여하여 민족 운동을 이끌었습니다.

한용운은 승려이자 독립운동가입니다. 1908년 일본으로 건너가 일본의 불교계를 둘러본 뒤, 불교를 널리 알리기 위해 팔만대장경을 간추려 《불교대전》을 편찬하였습니다. 3·1운동 때 민족 대표 33인의 한 사람으로서 불교계를 대표해 독립선언서에 서명하였습니다. 1926년 시집 《님의 침묵》을 발표, 민족의 염원을 노래하였습니다.

첫째, 독립운동은 대중화해야 한다.

둘째, 독립운동은 일원화해야 한다.

셋째, 독립운동은 폭력을 사용해서는 안 된다.

무슨 일이 있어도 비폭력 저항 운동으로 질서 있게 민족의 자주독립의 뜻을 펴기로 했어요.

드디어 3월 1일 새벽! 학생들은 이 골목 저 골목을 뛰어다니며 독립선언서를 집집마다 던져 넣었어요. 손병희는 태화관으로 가서 그곳에서 민족 대표 33인과 함께 독립선언서를 낭독하였어요.

"대한 독립 만세!"

한용운의 만세 선창을 따라 그 자리에 모인 대표들이 목이 터져라 만세를 불렀어요. 그와 동시에 파고다 공원에서도 만세 소리가 울려 퍼졌어요.

태화관과 파고다 공원에서 시작된 독립 만세 소리는 서울 시내로, 전국으로 퍼져 나갔어요. 그렇게 터진 만세 소리는 우리 민족이 자주적 민족임을 세계만방에 알리는 계기가 되었어요. 당황한 일본 경찰은 민족 대표는 물론이고 만세 운동에 참여한 학생, 일반인을 닥치는대로 끌고 갔어요.

"이제 나는 죽어도 한이 없다. 나는 우리의 독립을 위해 살아왔고, 독립을 위해 애써 왔고, 독립을 위해 자금을 모았다. 세계에 울려 퍼진 우리 민족의 함성은 한울님의 소리다!"

일본 헌병들에게 모진 고문을 받으면서도 손병희는 행복한 표정을 지었어요.

손병희는 3년 형을 선고 받고 서대문형무소에서 옥살이를 했어요. 그러다 1년 8개월 만에 병으로 풀려났지만 1922년 5월 19일, 조용히 눈을 감았어요.

방방곡곡으로 퍼져 나간 대한 독립 만세!

1918년, 4년 동안 끌어 왔던 제1차 세계대전이 독일의 항복으로 끝이 났습니다. 전쟁이 끝나기 전인 1917년, 러시아는 식민지였던 모든 나라를 독립시켰습니다.

"드디어 우리도 독립할 기회가 왔다!"

독립운동가들은 우리나라도 독립할 수 있다는 기대감으로 환호성을 질렀습니다. 희소식은 또 있었습니다. 또한 미국의 윌슨 대통령이 이렇게 말했습니다.

"식민지 민족의 운명은 그들 스스로 결정해야 한다!"

바로 민족자결주의였습니다. 식민지인 어떤 나라도 독립국이 될 권리가 있다는 윌슨 대통령의 말은 대한제국의 독립에 좋은 신호와도 같았습니다.

당시 중국에서 활동하던 동제사의 김규식, 여운형, 신규식 같은 젊은 독립운동가들은 파리 강화 회의에 대표를 파견하기로 했습니다. 파리 강화 회의는 제1차 세계대전이 끝난 뒤 전쟁 마무리를 위한 회의였습니다. 대표로 김규식이 떠났지만 김규식은 끝내 회의장에 들어갈 수가 없었습니다. 다른 나라의 대표들은 일본의 방해로 김규식을 거들떠보지도 않았습니다.

만주와 연해주, 일본, 국내의 많은 독립운동가들은 비밀리에 독립선언서를 준비했습니다. 마침내 만주와 연해주, 중국, 미국 등 국외에서 독립선언서가 발표되고, 2월 8일, 일본 도쿄의 유학생 4백여 명이 독립선언서를 발표했습니다.

일본 유학생들이 독립선언서를 발표했다는 소식이 나라 안으로 전해지자, 종교계 대표들이 뭉쳤습니다. 천도교 대표 손병희, 불교 대표 한용운, 기독교 대표 이승훈 등 종교 단체 대표들은 3월 1일에 탑골 공원에서 독립을 선언하기로 했습니다.

3월 1일에 만세 운동을 펼치기로 한 데는 이유가 있었습니다. 그해 1월 21일, 고종 황제가 숨을 거두었습니다.

"일본 놈들이 독살했다는군."

"명성황후를 시해하더니 이제는 황제까지 독살하다니!"

일본이 고종을 죽였다는 소문은 순식간에 나라 전체로 퍼져 나갔습니다. 3월 3일은 고종의 장례식이 열리게 되어 있었습니다.

대한민국 임시정부 국무원 기념 사진.
앞줄 가운데가 안창호입니다.

"장례에 참여하기 위해 서울은 물론이고 지방에서도 수많은 사람이 몰려올 테니 보다 많은 사람이 만세 시위에 참여할 수 있을 것입니다."

2월 28일, 민족 대표 33인이 결정되었습니다. 천도교 대표로는 손병희를 비롯한 15명, 불교 대표로는 한용운과 백용성, 기독교 대표로는 이승훈을 비롯한 16명이었습니다. 종교계가 민족 대표로 나설 수 있었던 것은 당시 일본의 지배 아래 살아남아 있던 조직적인 힘이 종교 단체와 학교뿐인 데다 수많은 독립운동가가 일본의 탄압을 피해 해외에서 활동하고 있었기 때문에 참여할 수가 없었습니다.

이윽고 3월 1일, 만세 시위가 열린다는 소문이 퍼지자 탑골 공원은 발 디딜 틈이 없을 정도로 사람들이 몰려들었습니다. 하지만 독립선언서를 낭독하기로 되어 있던 33인은 그 자리에 나타나지 않았습니다.

"수많은 사람이 모여 있는 자리에서 독립선언서를 읽는다면 일본 경찰과 헌병들이 가만있지 않을 것이오. 얼마나 많은 사람이 죽거나 다칠지 상상도 할 수 없소."

결국 민족 대표들은 태화관에서 독립선언서를 낭독하고 만세를 불렀습니다. 그러자 탑골 공원에 모여 있던 사람 중 학생 한 명이 독립선언서를 낭독했습니다.

"우리는 이에 우리 조선이 독립한 나라임과 조선 사람이 자주적인 민족임을 선언한다. 이로써 세

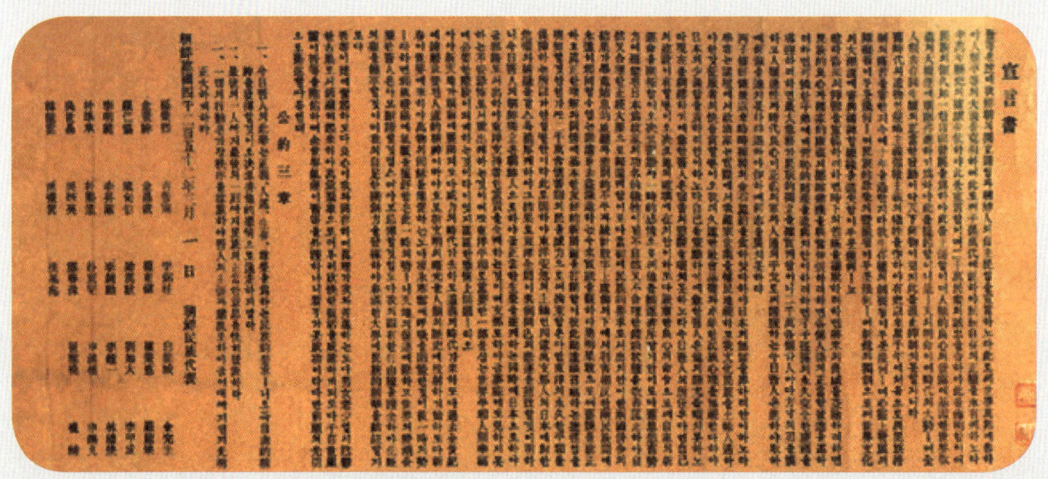

3·1 독립선언서는 조선이 주권을 가진 독립국임을 선언한 문서로, 3·1 만세 운동 때 민족대표 33인이 독립을 선언한 글입니다.

계 만국에 알리어 인류 평등의 큰 도의를 분명히 하는 바이며, 이로써 자손만대에 깨우쳐 일러 민족의 독자적 생존의 정당한 권리를 영원히 누려 가지게 하는 바이다!"

독립선언서가 낭독되자, 순식간에 만세 소리가 울려 퍼졌습니다.

"대한 독립 만세!"

사람들은 만세를 부르며 서울 시내로 행진을 시작했고, 시간이 지날수록 그 숫자는 어마어마하게 불어났습니다.

"물불 가리지 말고 만세 시위대를 해산시켜라!"

일본 경찰들은 무자비하게 시위대를 공격했지만 만세 행렬은 조금도 흩어지지 않았습니다. 놀란 조선총독부가 서둘러 학교를 폐쇄하자 학생들은 독립선언서를 품고 고향으로 내려가 만세 운동을 펼쳤습니다.

"만세 운동을 벌이는 자는 그 자리에서 모두 없애라!"

일본 경찰과 군대는 무기 하나 없이 만세를 외치는 사람들을 총으로 마구 쏘았습니다.

3월부터 5월까지 전국 213개 군 중에서 203개 군이 시위에 참여했으며 만세 운동 횟수는 1,542회, 참가자는 200만 명, 7,509명이 죽고 15,850명이 다쳤으며 45,306명이 체포되었습니다. 그 당시 우리나라 인구가 2,000만 명이 조금 넘었으니 얼마나 많은 사람이 만세 운동에 참여했는지 짐작할 수 있습니다.

평남 강서군 사천 장터 시위는 3월 4일에 일어났는데 3·1 만세 운동 이후 가장 규모가 큰 시위였습니다. 약 3천여 명의 군중이 시위에 참여했는데 일본 헌병과 경찰은 미리 숨어 있다가 행진하는 시위대에게 아무런 경고도 없이 총을 쐈습니다. 참가자 수십 명이 죽고 주동자 여러 명이 끌려가 사형을 당했습니다.

천안 아우내 만세 운동은 4월 1일에 일어났는데 교회 학교 교사 김구응이 지역 주민, 젊은 청년, 학생들과 함께 준비

고종의 장례 행렬. 고종의 독살설로 일본 식민 지배의 반대 여론이 높아지고 3·1 만세 운동의 계기가 되었습니다.

한 만세 운동입니다. 독립선언문을 발표한 김구응과 그의 어머니 최 씨가 총에 맞아 그 자리에서 죽었으며, 유관순을 포함한 많은 참가자가 다치거나 감옥에 갇혔습니다.

합천에서는 3월 16일 만세 운동이 벌어졌습니다. 지역 주민들과 해인사의 승려가 시위를 벌였는데, 그 참가자가 1만여 명에 이르렀습니다. 일본군이 쏜 총을 맞고 많은 사람이 죽거나 부상을 당했습니다. 22일 주변 마을까지 연합해 3만여 명이 모여 다시 한 번 시위를 벌였는데 질서를 지키는 평화 시위였음에도 불구하고 일본군은 무차별하게 총을 쏘아 42명이 죽고 100여 명이 큰 부상을 당했습니다.

수원 제암리에서는 4월 15일 장날을 이용해 만세 운동이 일어났습니다. 일제는 만세 운동을 뿌리 뽑는다는 구실로 제암리 교회에 성인 남자들을 모조리 가둬 놓고 불을 질렀고, 그 안에 갇힌 남자 모두가 죽고 말았습니다. 이 소식은 전 세계에 알려지고, 세계 여론은 평화 시위를 잔혹하게 진압한 일본을 거세게 비판했습니다.

그 외에도 전국 방방곡곡에서 만세 시위가 일어났고, 헤아릴 수 없이 많은 사람이 죽거나 부상을 당했습니다.

3·1 만세 운동은 그 이후에도 끊임없이 계속되었습니다. 그렇게 대한제국 독립의 뜻을 세계만방에 알렸고, 마침내 1945년 일본이 전쟁에서 패한 이후 대한민국은 세계로부터 독립 국가로 인정받게 되었습니다.

3·1운동과 독립투사들의 특별한 이야기

2판 1쇄 인쇄 2022년 3월 1일
2판 2쇄 펴냄 2025년 2월 25일

지은이 —— 노루궁뎅이 창작교실
그 림 —— 청마루
사 진 —— 문화재청 위키백과
펴낸이 —— 최성재
펴낸곳 —— 도서출판 노루궁뎅이
              출판등록 2011년 10월 24일 제101-91-28648
              전화 070-4156-2292 팩스 02-6280-2292
기 획 —— 도서출판 노루궁뎅이

ⓒ노루궁뎅이 창작교실

ISBN 978-89-6765-437-5   73810

- 이 책은 저작권법에 따라 보호받는 저작물이므로 무단전재와 무단복제를 금지하며,
  이 책 내용의 전부 또는 일부를 인용하려면 반드시 저작권자와 노루궁뎅이의 동의를 받아야 합니다.
- 잘못된 책은 바꿔 드립니다.
- 책값은 뒤표지에 있습니다.

노루궁뎅이는 여름에서 가을까지 졸참나무나 떡갈나무 등 활엽수의 줄기에 한 개씩 자라는 버섯 이름입니다.